ENTRE A RIQUEZA E A POBREZA

EDITORA EME

Solicite nosso catálogo completo, com mais de 500 títulos, onde você encontra as melhores opções do bom livro espírita: literatura infantojuvenil, contos, obras biográficas e de autoajuda, mensagens espirituais, romances, estudos doutrinários, obras básicas de Allan Kardec, e mais os esclarecedores cursos e estudos para aplicação no centro espírita – iniciação, mediunidade, reuniões mediúnicas, oratória, desobsessão, fluidos e passes.
E caso não encontre os nossos livros na livraria de sua preferência, solicite o endereço de nosso distribuidor mais próximo de você.

Edição e distribuição

EDITORA EME

Avenida Brigadeiro Faria Lima, 1080 – Vila Fátima
CEP 13369-040 – Capivari-SP
Telefones: (19) 3491-7000 | 3491-5449
Vivo (19) 9 9983-2575 | Claro (19) 9 9317-2800
vendas@editoraeme.com.br – www.editoraeme.com.br

/editoraeme @EditoraEme
@editoraeme editoraemeoficial

PEDRO SANTIAGO

pelo espírito DIZZI AKIBAH

ENTRE A RIQUEZA E A POBREZA

Capivari-SP | 2023

A Editora EME mantém o Centro Espírita "Mensagem de Esperança" e patrocina, junto com outras empresas, instituições de atendimento social de Capivari-SP.

1ª edição - julho/2023 - 3.000 exemplares

CAPA e DIAGRAMAÇÃO | André Stenico
REVISÃO | Letícia Rodrigues de Camargo

Ficha catalográfica

Akibah, Dizzi, (Espírito)
Entre a riqueza e a pobreza / pelo espírito Dizzi Akibah; [psicografado por] Pedro Santiago - 1ª ed. jul. 2023 - Capivari, SP: Editora EME.
256 pág.

ISBN 978-65-5543-092-9

1. Romance mediúnico. 2. Riqueza material e riqueza espiritual.
3. Lembranças de vidas passadas.
4. Reconciliação através do perdão. I. TÍTULO

CDD 133.9

SUMÁRIO

INTRODUÇÃO

No que pesam as descobertas importantes da ciência, aparentemente, em consonância com as múltiplas manifestações da vida, os recursos individuais e intransferíveis da inteligência ainda são usados inadvertidamente para invenções destruidoras da esperança, da paz, da alegria, da própria vida na matéria, muitas vezes objetivando o interesse descontrolável da riqueza e do poder, que conduz a criatura humana ao esquecimento de que tudo passa e logo chega o momento de fechar os olhos para o cenário do mundo material. E, ao abri-los para o espiritual, não raro, passa a sentir pavor da nova situação, como alguém que se sente perdido em lugar desconhecido, sem qualquer noção do que fazer de si mesmo.

Assim, desrespeitando os fundamentos das principais leis eternas, "amar a Deus sobre todas as coisas e ao próximo como a si mesmo" conforme Jesus, seja pelo mau uso da inteligência ou da ganância desenfreada em bens materiais; do egoísmo e do orgulho, parte considerável da humanidade segue se debatendo no sofrimento moral, desamada e desconhecida de si mesma. Entretanto, bastaria parar um pouco e ante a própria imagem refletida num espelho ou num proveitoso monólogo, perguntar a si mesmo: quem sou, para que estou aqui, de onde vim e para onde devo ir, qual a finalidade do existir e do dever ante a vida, a humanidade, sobretudo Deus? Depois, então, buscar respostas para cada uma das interrogações. Se encontradas e postas em prática, a fraternidade seria estabelecida e a dor moral que dilacera corações, bateria em retirada, mudando a face do desespero para a esperança; da tristeza para a alegria de viver; das trevas para a luz; do tormento para a paz e, por fim, do ódio para o amor, o único remédio indicado por Jesus, o médico dos médicos, capaz de eliminar todos os males e iluminar os roteiros da longa caminhada, na conquista da iluminação e da felicidade plena a que todos estamos fadados, por vontade da inteligência suprema do universo – Deus!

Contudo, se não conseguir, não desespere! Afinal, não estamos sozinhos e nem esquecidos pela divindade maior, porquanto, além de inúmeros atributos que, sequer imaginamos, Deus é, sobretudo, amor! E embora os desatinos e obscuridades em que ainda nos debatemos, assim como os raios do sol aquecem e vivificam, desde os vales às montanhas; o ar e a água alimentam e preservam a vida em todas as suas manifestações, o amor divino consola, alimenta novas esperanças, refrigera os corações, desperta as mentes aturdidas e proporciona a força necessária para o soerguimento moral e o desenvolvimento espiritual como veremos em algumas situações vividas pelos personagens que, em sequência, deram origem ao conteúdo deste romance.

A história, que me foi narrada por Laura, espírito de considerável iluminação e admiráveis qualidades morais, na cidade espiritual onde ela se encontra quando pude desfrutar com satisfação e alegria, da sua companhia, despertará na sua imaginação, situações emotivas geradas pelo ato de perdoar; mostrará durante a leitura, intrincadas circunstâncias surgidas entre a riqueza e a pobreza, a crença e a descrença, o orgulho e a humildade, a frieza de coração e o amor fraterno, experiências que, provavelmente, já foram experimentadas por nós mesmos. E, por fim, destaca sobretudo, a importância do estudo e a prática do Evangelho de Jesus, sob a ótica da doutrina dos espíritos, como o melhor e mais eficiente roteiro de vida, excepcionalmente na atualidade, quando tanto necessitamos saciar a sede de paz, de esclarecimento, de esperança e de amor a Deus sobre todas as coisas e ao próximo como a nós mesmos.

Assim, gratos ao Divino Mestre Jesus, por mais uma oportunidade de trabalho, passamos com alegria às suas mãos, mais uma história como tantas outras, criadas pelos pensamentos e as ações da criatura humana.

A todos, que ao longo do tempo, na condição de leitores, vêm se identificando com o nosso trabalho, um forte e afetuoso abraço e que, unidos pelos laços luminosos da fraternidade, procuremos ser "hoje melhores do que ontem e amanhã melhores do que hoje".

Uma boa leitura e que Jesus abençoe os nossos melhores pensamentos e ações no bem e pelo bem.

Salvador.
Dizzi Akibah.

CAPÍTULO 1

REVELAÇÕES SURPREENDENTES

Facilidade sem limite é porta aberta à inutilidade.
Dizzi Akibah

– QUEM EU vejo! Laura?!

- Oh, Joseane! Há muitos anos sem nos vermos!

- Verdade, Laura! Se isso tem sido um propósito da vida, deixará de ser a partir de agora, já que nos reencontramos!

Depois de se abraçarem, Laura perguntou:

- Você está com pressa?

- Não. Atualmente não tenho nada a fazer.

- Então, vamos sentar ali? - falou apontando para um banco na praça, onde se encontravam.

Percebendo a simplicidade da roupa que Laura vestia, Joseane perguntou:

- Como está a sua vida, atualmente?

- Eu estou muito bem, Joseane! Graças a Deus, vivo em paz.

- Verdade. O seu sorriso demonstra isso. Mas... Desculpe-me a indiscrição: é uma opção vestir-se assim, com tanta simplicidade ou a sua situação de vida se tornou muito difícil?

– Felizmente, eu e a minha família, sofremos uma mudança radical.

– Felizmente, Laura, ou infelizmente?

– Felizmente! Reafirmo com muita convicção.

– Eu não estou, talvez, alcançando o sentido da sua afirmação!

– Você vai compreender não somente isso, mas muitas outras coisas!

Embora a curiosidade, Joseane não insistiu. Afinal, estava se sentindo muito bem com a presença de Laura, amiga desde o tempo de infância.

– Como estão os seus pais?

– Eles estão bem melhores do que antes! E os seus?

– Continuam no mesmo ritmo de vida, sempre absorvidos pelos seus próprios interesses. Embora vivendo na mesma casa, não convivo, realmente, com eles, porque não me dão tempo para isso. Na verdade, minha amiga, eu estou me sentindo muito infeliz! Eu poderia estar intimamente bem, porque tive a oportunidade de me formar em direito e meu pai deu-me de presente um escritório de advocacia. Mas a verdade, minha amiga, é que desde quando tomei conhecimento de algo bastante desagradável, venho me sentindo muito infeliz! Desmotivada, fechei o escritório e agora não estou fazendo nada, a não ser tentando descobrir algo que me motive a sentir um pouco de satisfação para com a vida.

Ela fez uma pausa. Mas já que Laura prosseguiu em silêncio, escutando-a com atenção, voltou a falar:

– Se fosse você, até que justificaria, por causa de determinadas circunstâncias que lhe obrigaram a uma mudança inesperada de vida, conforme eu tive conhecimento. Mas a brandura da sua fisionomia e o seu sorriso me fazem crer que isso não deve ter lhe abalado muito!

– Toda mudança, Joseane, mesmo que seja para melhor, acaba abalando o equilíbrio emocional, por conta da habitual acomodação. Mas trocando-se a lamentação pela superação, tudo passa a fluir para o bem.

– Espero que você não tenha interrompido os seus estudos, porque sempre demonstrou gostar de estudar e, por isso mesmo, era uma das melhores alunas da classe. Lembra-se disso, Laura?

– Gostava e continuo gostando. Mas eu tive sim que parar, por causa do trabalho.

– Você precisou trabalhar?!

– Precisei, Joseane, e continuo precisando, não só pela necessidade, mas sobretudo por dever, pois...

Depois de ouvir Laura atentamente e tomar conhecimento da situação que ela e a família estavam vivendo, impactada, Joseane fixou o olhar na amiga e disse-lhe entristecida:

– Lembrando como era antes a sua vida e comparando com a sua atual situação, fico até sem saber o que lhe dizer.

Fez uma pausa e, em seguida, comentou:

– Eu, entretanto, apesar de tudo que tenho ao meu dispor, não estou satisfeita com a vida.

– Ora, Joseane, você é jovem, instruída... Eu acho que você poderia viver alegre e grata a Deus. O que realmente lhe falta, amiga?

– Além do que você acabou de falar, tudo mais! Tanto que nem consigo me relacionar com ninguém. Em casa ou fora dela é tudo igual!

Depois de silenciar por instantes, Laura perguntou:

– Você confia em Deus?

– Confiar ou não, para mim, não faz qualquer diferença, pois mesmo que eu me encontrasse em condições íntimas para isso, acho que nada me acrescentaria, porque sendo Ele o pai da vida, cheio de bondade e amor como afirmam alguns religiosos, por que, então, não me ajuda a sair dessa situação em que me encontro, sem rumo e sem vontade de continuar vivendo?

– Você já pediu ajuda alguma vez?

– E precisa? Não dizem que Ele sabe tudo?

– É verdade que Deus é onisciente. Entretanto, é preciso que façamos a parte que nos toca. Se você, Joseane, sequer se propôs a pedir... Tudo tem um preço! E o valor está no esforço empreendido. Não devemos esperar que Deus resolva problemas que nós mesmos criamos ou que a própria vida nos apresenta na qualidade de desafios, pois isso é uma tarefa particular em prol da aquisição de novas experiências. Penso que se você parar de se autovitimar e abrir o cenho, apesar dos aparentes dissabores, a sua vida se tornará mais agradável a você mesma e a quem se aproximar de você.

– Mas, como se consegue isso, já que sinto constantemente profunda amargura que me tira o gosto pela vida? Vou lhe contar um segredo: já planejei algumas vezes o suicídio. Felizmente, na última vez quando eu estava realmente decidida, mudei de ideia por causa de uma conversa que eu ouvi: eu me dirigia a um viaduto, local escolhido para consumar o meu plano, mas enquanto caminhava, duas mulheres iam na minha frente conversando e, coincidentemente, se referiam ao suicídio. Dizia uma delas que a morte por suicídio, em vez de modificar a situação íntima, piora, porque quem toma essa decisão, mata o corpo, mas prossegue vivendo com as mesmas angústias e insatisfações e ao se dar conta do sofrimento causado às pessoas que a amam, como por exemplo, os pais, passa a sentir profunda angústia, remorso e arrependimento tardio. Ouvindo isso, pensei: não devo ser assim tão egoísta e ingrata. Contive-me, mas não recuperei o gosto pela vida, que acabou desde que eu tomei conhecimento de um ato reprovável do meu pai.

– Lamento que você tenha chegado a tanto. Reaja, amiga! Desgosto, desespero e amargura são desafios em prol da aquisição de novas experiências. Ora, Joseane, viver é tão bom! Por que tomar uma decisão radical contra algo que não lhe pertence?

– Quem mais teria direito ao meu corpo além de mim mesma, Laura?

– Se o corpo físico fosse uma propriedade nossa não o perderíamos pela morte natural, que é certa para todos. Contudo, enquanto nos movimentamos nele, façamos os nossos deveres de casa – na Terra – nossa morada provisória oferecida, amorosamente, por Deus. A morte, Joseane, extingue apenas o corpo físico, já que somos espíritos criados pela vontade de Deus e, por isso, estamos aqui com deveres a serem cumpridos, regidos pelas leis imutáveis do Divino Senhor. Confie sempre, porque nunca estamos sozinhos, nem mesmo quando em desespero. O que não pode nos faltar é a coragem de vencer a nós mesmos, a confiança no Pai Eterno e em Jesus, o nosso guia.

- Que eu poderia fazer a essa altura, com a mente tão confusa?

- Desculpe-se, ame-se e perdoe-se! Dê atenção às pessoas que, por falta de possibilidade, se vestem simplesmente; que pronunciam palavras erradas ao se expressarem, mas que, muitas vezes têm um tesouro no coração. E, por isso, apesar das dificuldades que experimentam para viver, ainda sabem sorrir. Entendo que os seus relacionamentos se dão entre as pessoas do nível com base no que possuem. Entretanto, é bom saber que a verdadeira riqueza não é a que está fora de nós, mas a que cultivamos em nós mesmos, como a bondade, a simplicidade, a capacidade de amar e servir, dentre outras.

E concluiu depois de uma pequena pausa:

- Busque a certeza de que, acima de nós, há um poder que a tudo domina, cria a vida, nutre-a e conserva.

Depois de ficar por instantes com o olhar fixo em Laura, Joseane assim se expressou:

- Laura, eu estou profundamente surpreendida com você, pois achava que lhe conhecia, mas me enganei. Que inspiração! Fez-me muito bem ouvi-la, amiga! Por isso mesmo peço que me dê o seu endereço, pois não desejo ficar longe de você.

Depois de anotar o endereço e passar às mãos da amiga, Laura comentou:

- Não atribua a mim, Joseane, o que não está em mim, mas vem simplesmente por mim, pois...

O diálogo prosseguiria não fosse interrompido por Beatriz, também amiga de infância, que ao ver Joseane se aproximou e, antes mesmo de cumprimentá-la, fixou o olhar em Laura e perguntou:

- É Laura, ou eu estou sonhando acordada?

- Sou eu mesma, Beatriz!

- O que aconteceu com você que está assim tão...

- Tão pobre? É isso que você quer saber? - perguntou Laura, sorrindo.

– Desculpe-me, mas não dá para acreditar!

– É pena Beatriz, há tanto tempo que não nos vemos e você chegou justamente na minha saída! Mas fique tranquila porque se quiser realmente saber porque eu estou assim tão pobre, Joseane saberá responder!

– Não dá para acreditar – repetiu Beatriz que, como Joseane, também nada fazia, já que os seus pais davam tudo que ela queria, por extravagante que fosse, como joias e roupas dentre as mais caras da época.

Laura se despediu, Joseane e Beatriz ficaram no mesmo local comentando:

– Laura ficou tão pobre a ponto de usar aquela roupa horrível que se compra em feiras livres? Coisa de pobre mesmo! – comentou Beatriz que, embora graduada em psicologia, cometera um engano ao conceituar pela simples aparência.

– Mas, não se admire se eu lhe disser que ela está muito bem! Melhor do que antes ou até do que nós mesmas. Pelo menos demonstra que a sua vida está fértil de esperança, realizações e o coração cheio de amor. Notei isso por causa da leveza das suas expressões e do sorriso que demonstra real alegria, ao contrário de mim mesma, já que me encontro desmotivada para a vida, sem qualquer perspectiva e sem esperança de me livrar desse vazio que me atormenta.

– Também não estou bem, já que ando procurando motivações para sentir a vida mais agradável, todavia, ao amanhecer de cada dia, sinto-me a mesma do dia anterior. Fechei o consultório onde atendia e orientava pessoas portadoras de problemas psicológicos, dos mais simples aos mais chocantes, o que acabava me deixando, no final de cada dia, amargurada, já que não conseguia impedir que isso me afetasse. Fiz isso com tranquilidade considerando a situação financeira dos meus pais que me dão tudo que eu quero, mas logo depois disso, passei a viver desmotivada para qualquer coisa que eu pense em realizar.

– Não posso censurá-la por você ter tomado a situação financeira dos seus pais como motivação, porque foi esse o jeito que fomos criadas e educadas. Bastava dizermos 'eu quero', para termos nas mãos. Enfim, satisfaziam e ainda agora querem satisfazer todas as nossas vontades. Não é isso mesmo? Por ter se libertado disso é que Laura se encontra tão bem intimamente!

Elas silenciaram, certamente procurando compreender como Laura, que tinha uma vida cheia de facilidades e depois de sofrer uma mudança drástica, já que passara a viver na condição de pobreza, se demonstrava tão firme, esperançosa e alegre! Não sabiam elas, que a vida tem um sentido e que a ninguém é dado o direito de malbaratar uma existência, sem ter que assumir o ônus, porquanto é da lei divina colhermos do que plantamos e também do que deixamos de plantar, simplesmente por má vontade ou ociosidade. Excepcionalmente em se tratando delas, que reencarnaram com o objetivo de servir, entretanto, as facilidades ofuscavam o objetivo.

Passados alguns minutos, Beatriz interrompeu o silêncio:

– Joseane, até agora eu não consigo compreender porque seu Amaro abdicou, em favor dos sócios, de tudo que havia conseguido, certamente, com muito esforço. Meu pai falou que, por decisão própria, nem dinheiro ele quis, mesmo sabendo dos vultosos valores depositados nas contas bancárias. Agora, certamente, está vivendo na pobreza, pois a roupa que Laura estava vestida me deixa convicta disso!

– Eu também ouvi falar isso mesmo, Beatriz, mas na verdade o que aconteceu foi uma pérfida traição! Os sócios dele, inclusive o meu pai, o seu... Todos eles traíram-no vergonhosamente, e afastaram-no à força sob sérias ameaças. Segundo o que pude descobrir até agora, roubaram, deixando-o sem nada e, hoje, conforme palavras de Laura, ele e a família vivem numa periferia onde residem somente pessoas necessitadas. Descobrir isso foi para mim motivo de tanto desgosto que, conforme eu disse há pouco à Laura, pensei algumas vezes em me suicidar. Não consigo aceitar a ideia de um pai ladrão!

– Joseane, isso é muito sério! Então meu pai também é ladrão?!

– O seu, o meu... Todos os sócios! O dinheiro que eles passaram, depois do ato da traição, a depositar em nossas contas, pode ser do mesmo que eles se apoderaram desonestamente, enquanto seu Amaro amarga na pobreza. Compreendeu, Beatriz, o porquê da roupa simples que Laura estava vestida?

A pergunta ficou sem resposta, porque Beatriz estava com o rosto molhado de lágrimas. Porém, apesar do momento constrangedor, instantes depois, ela falou, passando um lenço no rosto para enxugar as lágrimas:

– É preciso fazer alguma coisa para mudar essa situação, porque...

Silenciou por instantes e em seguida, exclamou já demonstrando novo ânimo:

– Ah, tenho uma ideia que poderá ser o primeiro passo para amenizar a situação de Laura!

– Se a ideia é boa, fale, Beatriz, porque se tudo isso puder ser modificado, amenizaremos esse amargor que nos traz tanto desânimo!

– Acho melhor antes de falar, amadurecer a ideia – disse ela, mudando o tom da voz e concluiu: – talvez amanhã, se não lhe surgir alguma coisa mais importante para fazer!

– Ora, Beatriz, que coisa importante, se nada me agrada?

– Você está muito amarga, amiga! Não devemos nos entregar e deixarmo-nos conduzir por uma situação ruim. Fiquei chocada há pouco, mas, agora, embora também decepcionada, já sinto um alento porque está nascendo uma esperança! Há situações, Joseane, que podemos comparar a esperança com uma porta a ser aberta para outro lado. O lado da ação.

– Então, às dez horas da manhã, neste mesmo lugar?

– À tarde, porque não tenho hora para acordar. Às vezes durmo até quase meio dia – falou, Beatriz, demonstrando a falta de motivações para a vida, tal qual Joseane.

Elas haviam esquecido que não prestamos conta à justiça divina apenas dos erros praticados, mas assumimos também o ônus do bem que deixamos de fazer por falta de vontade ou ociosidade.

– Está bem, Beatriz, estaremos aqui, amanhã, às duas da tarde. Quem chegar primeiro, espera.

CAPÍTULO 2

BUSCANDO SOLUÇÕES

O sofrimento descongela o coração e aquece-o para o acolhimento do amor.

Dizzi Akibah

NO DIA SEGUINTE, ao ver Beatriz, Joseane foi logo perguntando:

– Então, já amadureceu a ideia a ponto de expô-la?

– Cuidado com a ansiedade! Melhor usar a paciência, porque a ideia poderá ou não ser, apenas, o primeiro passo, a depender da vontade de muitos outros. Bem, você deve estar lembrada dos encontros dos fins de semana, quando se reuniam as cinco famílias dos respectivos sócios das empresas.

– Sim, lembro-me inclusive que isso acontecia revezando cada fim de semana na residência de um deles. Parecia que a vida era somente festa! A única recordação boa que tenho disso era a amizade entre todos nós, filhos. Mas até isso ficou distante, porque depois do golpe sofrido por seu Amaro, os encontros foram encerrados.

– É verdade. Mas há condições de reatá-la, se tentarmos um reencontro sem a presença dos nossos pais; refazer a amizade e, no momento certo, informá-los do golpe; da situação de Laura e, por fim, tentar sensibilizá-los a ponto de aceitarem uma proposta que poderá mudar a situação de Laura e da sua família.

Como Beatriz silenciou, Joseane perguntou ansiosa:

– Que proposta, Beatriz?

– Como você disse, já que o dinheiro em nossas contas bancárias passou a ser depositado depois do golpe contra seu Amaro, sua origem é ilícita, pois pertence por direito, a Laura e família. Então, se todos nós, filhos, retirarmos os referidos valores e entregarmos a Laura, não resolverá totalmente o problema do seu Amaro, mas ajudará a amenizar a situação. Que acha, não é uma boa ideia?

– Sim, Beatriz, qualquer ação que nos traga alguma esperança é como um bálsamo reconfortante para os nossos corações amargurados. A sua ideia é muito boa, mas será apenas um paliativo. Para solucionar o problema teria que haver uma denúncia!

– Você teria coragem, Joseane, de denunciar o seu pai?

– Eu não! E você?

– Penso que também não, mas tenho pressentimento de que um dia isso será inevitável!

– Acredito nisso, porque a verdade anula a mentira!

– Mas o fato de não termos coragem de denunciá-los não justifica nada fazermos ante o golpe ardiloso movido, certamente, pela ganância. Você, Joseane, que é advogada, pode tentar descobrir tudo e, aí, então... Depois que conseguirmos ajudar Laura, poderemos combinar com todos para, cada um por sua vez, cientificar os pais de que todos temos conhecimento do golpe.

Assim foi que, semanas depois, a maioria dos filhos dos empresários estavam reunidos num salão de um clube, que alugaram para este fim. Naquele mesmo dia, na euforia do reencontro, Joseane pediu a atenção de todos, pois desejava prestar uma informação e começou perguntando:

– Quem ainda se lembra de Laura?

Foi Cássio, o primeiro a responder:

– Eu guardo boas lembranças dela.

- Mas, sabe, por exemplo, que ela ficou muito pobre, porque...

- O pai dela fez uma grande bobagem ao renunciar às empresas, deixando tudo para os sócios. A culpa é dele! - falou Érica e concluiu perguntando - como eu poderia saber, se agora o meio em que ela vive é lugar de pobre?

- Érica, todos nós fomos enganados pelos nossos pais, que tentaram esconder um golpe contra seu Amaro, tomando tudo que lhe pertencia! Lamento dizer e dói muito em cada um de nós, sabermos que os nossos pais foram desonestos, traidores... Ladrões!

Gabriel, filho de um dos sócios por nome Rômulo, levantou da cadeira onde estava sentado e falou desesperado:

- Você está fazendo uma acusação muito séria, Joseane, e talvez não tenha provas!

- Imagino que todos vocês estão experimentando os mesmos dissabores que eu degustei quando soube disso! Entretanto, se não tenho provas, tenho certeza, mas isso não significa que eu pretenda denunciar o meu próprio pai e estou certa que nenhum de vocês faria isso. Deixemos que tudo caminhe com naturalidade, pois, certamente, um dia qualquer aí pela frente, isso ocorrerá. Repito o que disse a Beatriz: a verdade desmascara a mentira. Mas, apesar de tudo, Beatriz tem uma ideia que pode amenizar a situação difícil da família de Laura.

Beatriz se posicionou em frente a todos e antes de expor a ideia, começou comentando:

- Não sei se os seus pais, a exemplo do meu e do de Joseane, depositam dinheiro em contas bancárias para vocês. Entendo que isso é uma particularidade... Algo pessoal. Se alguém, por isso mesmo, não quiser responder a minha pergunta, fique à vontade, pois não haverá qualquer constrangimento. Quem tem conta bancária e queira responder, por favor, suspenda a mão!

Tendo todos confirmado positivamente, ela, então, passou a expor o que achava ser, naquele momento, a primeira providência:

- Proponho abrirmos mão de parte ou de todos os referidos depósitos...

Depois de tentar sensibilizar a todos eles, citando as possíveis dificuldades de quem vive na pobreza de bens materiais, tomando como base a situação de Laura, ela concluiu:

– Quem, por acaso, estiver em dúvida, não precisa responder agora. Entretanto, seria muito bom que saíssemos daqui convictos de que este reencontro foi muito útil, pois as nossas vidas têm que valer para alguma coisa boa!

– Acho que não vou poder participar disso porque estou certo que meu pai vai ficar bravo comigo. E, apesar de tudo que acabo de saber, que me deixa muito decepcionado, não desejo ter atrito com ele, por que o amo muito!

– Sim, Cássio! Ninguém deseja isso, entretanto, o atrito já está estabelecido em cada um de nós, ao sabermos do grave erro que eles cometeram.

Depois de uma pequena pausa, ela perguntou olhando fixamente para Cássio:

– Mas logo você que não tirava os olhos de Laura? Todos nós sabemos que desde o começo da adolescência você tinha interesse nela.

– Você deve entender, Beatriz, que isso foi naquele tempo, mas agora é bem diferente, já que, se Laura, atualmente está vivendo num ambiente de pessoas pobres, necessitadas... deve ter adotado outros costumes bem diferentes dos meus, dos seus, de todos nós aqui. A única esperança e conformação de muitos pobres é pensar que o sofrimento os levarão direto ao céu quando morrerem! Boba ilusão, já que nem sabemos se existe céu, nem Deus, nada!

– Cássio, – interveio Joseane – até há poucos dias, eu também pensava assim. Entretanto, uma simples conversa que tive com Laura me fez acordar e me conscientizar de muitas ilusões que vêm atrapalhando a minha vida, inclusive a dúvida sobre a existência de Deus! Apesar de viver num meio onde residem pessoas necessitadas, Laura soube reagir contra o desalento, a tristeza e o desespero, usando estas situações como aprendizagem e, hoje, ela sabe muito sobre a vida. Quando a encontrei e começamos a conversar, logo notei que estava diante de uma pessoa cheia de experiência. Tem mais: não perdeu o seu belo sorriso e chegou a afirmar, conforme eu já disse a Beatriz, que agora ela está, intimamente, muito melhor do que antes.

- Joseane, - interveio Gabriela - eu acho que você não está nada bem. Provavelmente se deixou contagiar pela conformação de Laura. Não há como entender de que maneira uma pessoa que vivia numa bela casa, tendo tudo que sonhava, mudar de um momento para outro da fartura para a necessidade e achar que está melhor que antes. Eu vou colaborar, entretanto, não desejo, jamais, me deixar contagiar com costumes outros que não dizem respeito aos meus conceitos.

- Tudo bem, Gabriela, compreendo a sua posição, entretanto, nós, que vivemos até agora na ilusão do apego às coisas materiais, ou na rigidez dos próprios conceitos, procuremos, pelo menos, acreditar em Deus, o que, até conversar com Laura, era assunto que não me interessava. Mas, agora, felizmente, já penso diferente.

Joseane fez uma pausa e Beatriz, então, pediu a palavra:

- Segundo afirmação da minha mãe, nossos pais, antes do convite do seu Amaro para trabalharem com ele, passavam por sérias dificuldades, até mesmo para manter as respectivas famílias. No entanto, logo que chegaram a uma situação que, sequer, nunca antes haviam imaginado, se empolgaram de tal maneira, a ponto de adotarem para nós, filhos, um modelo de educação equivocado, como proteção exagerada, facilidade demasiada e consumismo desenfreado, conforme o pensamento também de Joseane. Mas isso foi de tal intensidade, que acabou anulando toda oportunidade de autoindependência, a ponto de, até hoje, sentirmos segurança somente nas suas sombras. Se nada fizermos para mudar, poderemos chegar a uma situação em que passaremos a não suportar a nós mesmos. Penso ser esta a melhor oportunidade de darmos o grito de liberdade e passarmos a caminhar com as nossas próprias pernas.

No final do encontro, alguns se demonstravam pensativos, certamente, ainda em dúvida em relação à proposta de usarem parte do dinheiro depositado pelos pais para ajudar Laura e sua família. Mas, apesar disso, um mês depois, num sábado à tarde, Laura estava em casa quando ouviu chamá-la lá fora:

– Já vou! – respondeu, dirigindo-se à porta e ao abri-la foi tomada de uma grande surpresa ao ver Joseane, Beatriz, Érica, Gabriela e Cássio que, apesar do conceito que alimentava sobre pessoas pobres, ao ver Laura, sequer piscava os olhos, pois o seu olhar estava fixo nela.

– Meu Deus, não acredito no que vejo! Vocês se lembraram de mim?! – perguntou Laura expressando pura alegria!

Beatriz adiantou-se na resposta, certamente intencionada a amenizar os efeitos do modo como tratou Laura no dia que a encontrou conversando com Joseane. Imaginava ela que Laura estaria magoada, pois reconhecia que fora indiscreta. Mas, felizmente, ela estava enganada, porque àquela altura, Laura já havia aprendido a se deixar contagiar somente pelo bem.

– Sim, Laura, além da satisfação de revê-la, aqui nos encontramos, também, por um objetivo que, certamente, conforme previu Joseane, será uma agradável surpresa para você.

Depois de entrarem na casa, sem deixar de reparar a simplicidade dos móveis e da morada em si, sentaram-se, sem jeito, em cadeiras rústicas sem qualquer conforto. Já que o ambiente ficou de repente sombrio por causa dos pensamentos desencontrados dos visitantes, Joseane tratou de amenizar, interrompendo o silêncio incomodativo:

– Laura, minha amiga, ultimamente nós passamos a pensar muito em você, pois embora tenha sido alcançada por uma fatalidade, se é que posso assim me expressar e, por conta disso, venha juntamente com a sua família empreendendo muito esforço para a sobrevivência, ao tomarmos conhecimento da realidade dos fatos, conforme ocorreram com seu Amaro, a sua superação não deixa de ser um importante exemplo para todos nós.

Depois de rápida pausa, ela prosseguiu:

– Aqui estamos, intencionados a amenizar um pouco o provável sufoco que você e todos da família devem estar passando

– falava demonstrando sentimento com sinceridade e prosseguiu explicando: – Nos reunimos num encontro, não somente nós que aqui nos encontramos, mas todos os filhos dos sócios das empresas e, de boa vontade, todos colaboraram com uma certa quantia para amenizar um pouco a situação, já que você tem que trabalhar para poder sobreviver, o que nenhum de nós outros faz. Isso é apenas o começo, pois minha tarefa principal será trabalhar no sentido de fazer com que você e a sua família voltem ao nível de vida de antes, o que têm todo direito.

Terminou de falar, pegou um pacote que estava com Cássio e estendeu a mão na direção de Laura.

Sensibilizada a ponto das lágrimas começarem a fluir, Laura desatou o cordão que amarrava o pacote, olhou, percebeu que era dinheiro, muito dinheiro e respondeu expressando ternura na voz:

– Queridos amigos, sou muito grata por esta prova de amizade e consideração e me sinto muito confortada por ter sido lembrada por vocês. Entretanto, peço que não me tentem, pois, a essa altura, eu não posso e nem devo aceitar essa valiosa oferta que, certamente, partiu da bondade dos seus corações. Tenho receio de voltar a me sentir vazia, como era antes a minha vida. Percebo, pelo volume das notas, se tratar de muito dinheiro que, se posto em rendimento, certamente eu não precisaria continuar trabalhando, o que não desejo em nenhuma hipótese. Não me sinto ainda preparada para reagir a determinadas tentações e esta pode ser uma delas.

Fez uma pausa enquanto observava a reação da sua recusa e, em seguida, voltou a falar:

– Hoje, meus amigos, eu já entendo que não é o dinheiro, inclusive fácil, que nos torna felizes e de consciência tranquila, porque agora eu sei: o que se encontra fora de nós não nos pertence verdadeiramente, mas sim, o que cultivamos interiormente. Hoje, eu e minha família estamos vazios de posses exteriores, todavia, na busca da verdadeira riqueza, tesouro que, conforme palavras de Jesus, nem o ladrão rouba e nem a ferrugem destrói.

Fez nova pausa, enquanto observava se estava sendo enfadonha, mas notando que todos a ouviam com interesse, não quis perder a oportunidade de pôr na mente dos amigos algo que pudesse despertá-los da ilusão de ter, em detrimento de ser, hoje, melhor do que ontem, amanhã melhor do que hoje.

– Antes – prosseguiu ela falando – eu esbanjava, comprando tudo que queria e nem sempre usava, porque não conhecia o valor do dinheiro, já que não era eu quem trabalhava e me esforçava para ganhá-lo. Hoje, todavia, avalio o citado valor pelo esforço empreendido e, por isso mesmo, sinto uma grande satisfação em receber o salário e juntar com o de Júlio, meu irmão, para suprir as principais necessidades da família. Agora, amigos, sou alguém, porque me sinto útil e a minha autoestima está sempre elevada, porque eu posso dizer a mim mesma: sou capaz de fazer isso!

Depois de instantes com o olhar fixo em Laura, Joseane, falou:

– Creio que você, a essa altura, não corre perigo de se sentir vazia como é o meu caso, porque seu íntimo já se encontra repleto de coisas boas. O dinheiro dá, dentre outros, para reformar esta casa, gerando um pouco mais de conforto e tantas outras necessidades que surgem, às vezes sem esperarmos. Receba, por favor, Laura, pois nós já antevíamos a alegria desse momento! Embora as suas explicações tenham nos conscientizado a ponto de não sentirmos tristeza, insisto que receba, pois esta é a vontade de todos nós, seus amigos.

Laura sentiu-se, por instante, num embaraço, pois acabava de mexer com o sentimento dos amigos, mas ainda assim, veio-lhe uma ideia em seu socorro:

– O gesto de todos vocês, para mim foi, sem dúvida, muito lindo! Entretanto, como há dezenas ou centenas de pessoas mais necessitadas do que eu, revertam esse dinheiro em alimento para os famintos, medicamento para enfermos, cobertores para amenizar o frio de muitos que, sequer possuem um simples agasalho, principalmente agora que o inverno está começando.

– Então, Laura, fique com o dinheiro e transforme-o você mesma em ajuda aos necessitados deste lugar – sugeriu Cássio, que, até então, se limitara apenas a ouvir.

- Oh, Cássio, a ajuda que eles têm de mim, não depende tão somente de dinheiro, mas sobretudo da que se origina no amor fraterno. Ficará bem melhor para vocês, por se tratar de uma nova experiência.

Depois dessa conversa, se despediram e saíram impressionados com a rejeição de Laura.

Mas antes de Laura retornar ao interior da casa, pois acompanhara os visitantes até o local onde haviam deixado os veículos, Júlio se aproximou e, falou visivelmente contrariado:

- Não posso acreditar na bobagem que você acabou de fazer! Ora, Laura, nós damos um duro danado para tentar manter as despesas da família e você recusa uma doação que poderia mudar tudo em nossas vidas?! Eu pensava que você era uma pessoa esperta e inteligente, mas provou que não passa de uma boba!

Embora surpreendida com a inesperada atitude do irmão, Laura sabia o que estava fazendo e, por isso mesmo, em vez de se deixar afetar pelas expressões grotescas, respondeu com firmeza:

- Júlio, meu irmão, o valor do dinheiro não se encontra na quantidade das cédulas, mas no esforço empreendido. Antes gastávamos demasiadamente, comprando coisas inúteis porque o dinheiro vinha do esforço de outros. Agora, entretanto, conhecemos o seu real valor, pois nos chega como recompensa do esforço que empreendemos para suprir as necessidades da nossa família. A facilidade torna a mente ociosa, presa ao superficialismo. Quer isso para você? Creio que não!

Ela fez uma pequena pausa e assim concluiu:

- Boba eu seria se houvesse deixado de lado os valores adquiridos desde que aqui chegamos e voltasse a viver nas ilusões de outrora. Somos jovens e saudáveis, Júlio! O trabalho é lei divina! Quem nada faz pode ser comparado à água pútrida do brejo.

Júlio, apesar de contrariado, silenciou. Sabia que para os seus argumentos Laura tinha sempre uma resposta lógica baseada na razão.

CAPÍTULO 3

REAÇÃO BENÉFICA

O erro é sombra. A verdade é luz.
Não há treva que resista à luz da verdade.
Dizzi Akibah

UMA HORA DEPOIS que haviam deixado a casa de Laura, o grupo se encontrava numa praça trocando impressões:

– Embora o conhecimento de que o ser humano e todas as suas ações são mutáveis, eu não consigo compreender como Laura, forçada pelas circunstâncias, sofreu mudanças radicais e se encontra tão bem! Tanto que, no modo de se expressar, demonstra tranquilidade e principalmente alegria, pois o sorriso está sempre presente, gerando simpatia. Apenas a sua presença já é motivo de mudar o ambiente. Logo depois que a cumprimentei com um abraço, senti bem-estar e alegria, o que vem me faltando desde o dia que soube que o meu pai, se não agiu diretamente, tornou-se cúmplice do golpe desonesto.

– É verdade, Beatriz! – aparteou Cássio e prosseguiu dando a sua impressão – talvez, por não ter outra saída, ela tenha procurado se adaptar! Mas nem por isso deixa de nos causar admiração, porque não é fácil esse tipo de aceitação, já que toda mudança incomoda.

Joseane, que ouvia atentamente o diálogo, falou da sua impressão segundo o seu próprio entendimento:

– Vocês, talvez, estejam com o pensamento focado na rejeição do dinheiro, que poderia melhorar as condições atuais da família. Penso, entretanto, que há algo para ela, cujo valor supera qualquer outro interesse. Disse-me na primeira conversa que tivemos, que agora ela se sente alguém, porque descobriu o real sentido da vida e, em poucas palavras, me proporcionou um importante ensinamento ao afirmar que devemos procurar ser hoje, melhores do que ontem, e amanhã melhores do que hoje.

– Raciocinando bem – voltou Cássio a falar – somente algo fora do comum do dia a dia pode justificar o fato de ela e o irmão, depois de um mês de trabalho, juntarem os salários, possivelmente de pouco valor, para suprir as despesas da família o que, provavelmente, não dá e, ainda assim, rejeitar a nossa oferta que certamente seria um alívio por algum tempo. No meu entender ela deu uma demonstração de que dinheiro é algo ruim, o que não concordo!

– Eu também estou encontrando dificuldade de compreender a recusa de Laura. Mas em relação ao dinheiro, não acho que ela pensa ser algo ruim, porque ela aludiu ao dinheiro fácil. Tanto que se referiu com satisfação ao salário que recebe no fim do mês, que é usado na manutenção da família. Mas se analisarmos as suas expressões, principalmente quando ela notou que se tratava de muito dinheiro, talvez encontremos uma explicação: lembro-me que, depois de agradecer o nosso gesto, ela disse com bastante firmeza: não me tentem! Se ela está bem, como demonstra o seu sorriso, deve ser a recompensa de novas experiências e valores adquiridos, no novo modo de viver. Ora, quem deseja perder ou simplesmente anular valores como o amor fraterno, a compaixão, a bondade de coração, a alegria...

Joseane, depois de pedir licença, interrompeu Beatriz num tom de lamento:

– Mas, ainda assim, me causa espanto a situação dela, pois enquanto nós, além do conforto exagerado que sempre desfrutamos e das possibilidades de gastar à toa, comprando tudo que encontramos pela frente, ela e a sua família ainda passam privações!

Depois de uma rápida pausa, Joseane disse como seria, doravante, o seu modo de viver:

– Por isso mesmo, a partir de agora, não aceitarei nada que dependa de dinheiro por parte do meu pai. Vou procurar um emprego, sair de casa e proclamar a minha independência!

– Ótima ideia, Joseane! Também vou fazer isso! – exclamou Beatriz. – E você Cássio?

– É a única maneira de ajudar o meu pai despertar do engano a que se deixou conduzir.

Gabriela também achou a ideia muito boa e assim se expressou:

– Além de motivar o meu pai a reconhecer o seu erro, o exemplo de Laura me contagiou de tal maneira, que estou decidida a sair da ociosidade e dependência dos meus pais.

Ao terminarem as ponderações, todos daquele grupo aceitaram de bom grado a ideia. Faltavam os demais que liberaram o dinheiro, mas não se dispuseram a participar da entrega. Mas isso seria resolvido no próximo encontro, segundo sugestão de Beatriz.

– Conversamos, mas não decidimos o que faremos com o dinheiro que Laura não aceitou! – comentou Gabriela, demonstrando interesse no assunto.

– Além da proposta de Beatriz de prestarmos conta aos demais, eu vou acatar a sugestão de Laura, usando a minha parte para compra de alimentos, roupas, cobertores e medicamentos para as pessoas necessitadas. E vocês? – perguntou Joseane visivelmente interessada na resposta.

– Joseane, nos últimos dias você vem me surpreendendo com decisões contagiantes! Eu vou nessa com você! – exclamou Beatriz cheia de entusiasmo.

– Contagiantes são os exemplos de Laura, em quem me inspirei.

De um a um, todos acataram a decisão de Joseane que, àquela altura estava, realmente, decidida a mudar o modo de viver.

– Que bom! Este é mais um motivo de apressarmos o encontro. Que tal no próximo fim de semana? Deixem comigo, que eu me encarrego de avisar a todos! – exclamou Beatriz, entusiasmada.

Naquele mesmo dia, logo que Joseane chegou em casa, a sua mãe, Elba, teve com ela a seguinte conversa:

– Tenho notado, há algum tempo, que você anda muito calada e sem expressão de alegria. O que ocorre com você, filha?

– Fique tranquila, mãe, eu vou ficar bem logo, porque já tomei uma decisão para sair desse estado psíquico. Arranjei um emprego num escritório de advocacia, onde atua o meu ex-professor de direito. Ele se aposentou, mas preferiu continuar no exercício da sua profissão e isso é muito bom para mim, porque agora eu vou aprender com ele, na prática!

– Por que você decidiu ser empregada em vez de atuar em seu próprio escritório que eu mandei montar com o melhor do momento? – perguntou Danilo que estava próximo, ouvindo a conversa.

– Agradeço pelo seu gesto carinhoso para comigo, mas eu não posso e nem quero prosseguir desfrutando de qualquer coisa cuja origem esteja ligada a dinheiro proveniente da sua participação na qualidade de sócio das empresas.

– Pode explicar o que se passa pela sua cabeça?

– Não seria decente, para mim, faltar com a verdade ao meu pai, que amo de todo o meu coração. Exponho o meu ponto de vista sem qualquer intenção de censura, nem de acusação, mas embora eu compreenda, não concordo com as facilidades que vocês, meus pais, me dispõem, cujo valor pode ser o que falta a uma família que vive, há algum tempo, em sérias dificuldades, numa luta sem trégua pela sobrevivência. Uma pobreza digna de compaixão!

– Que família, Joseane? – perguntou Danilo de olhos arregalados, surpreendido com a atitude da filha.

– É preciso, realmente, eu dizer o que o senhor já sabe muito bem?

– Como saber se você não me disse?

– As empresas das quais o senhor é sócio, não teve um fundador que as presidiu por muito tempo? Pois é a ele e à família que me refiro. Peço que, doravante, não deposite dinheiro na minha conta bancária, pois não quero desfrutar de algo ilícito e injusto. O senhor sabe do que estou falando!

– Não há verdade nessa afirmação!

– Será que a conversa que ouvi entre o senhor e a minha mãe se tratava de uma simples encenação? Creio que não, porque ambos chegaram a uma feia discussão, quando minha mãe demonstrou não concordar com o golpe desfechado contra seu Amaro, tomando tudo que lhe pertencia de fato e de direito.

Danilo pôs as mãos no rosto, envergonhado, ao ser descoberto pela filha, como desonesto.

– O senhor, pai, deve ter consciência que participou de algo muito feio... Desonestidade, traição...

– Chega, Joseane! Será que custeei seus estudos para, em vez de você trabalhar, esmiuçar a minha vida?

– Não! Já disse e reafirmo que ouvi isso de suas próprias palavras. Embora se trate de um ato injustificável, todo erro pode e deve ser reparado. É bom pensar nisso, para tentar melhorar os pesares da sua consciência. Saiba que depois de ouvir tal revelação, fiquei muito infeliz, perdi a vontade de trabalhar e também o sentido da vida, pois, percebi de um momento para outro o desabar de um dos melhores conceitos nascido da admiração e do amor que sempre lhe devotei. E isso me motivou a pensar em suicídio e essa ideia só saiu dos meus planos com a ajuda de uma amiga.

Joseane achou por bem não citar o nome da amiga, por se tratar de Laura, pois sendo ela filha de Amaro, Danilo poderia imaginar que Joseane estaria sendo influenciada por algum sentimento de vingança, o que poderia criar mais embaraços.

– Joseane, – falou Danilo, tentando minimizar a situação e prosseguiu num tom brando, expondo o seu ponto de vista – não há necessidade de você ser empregada de ninguém, tampouco, sair de casa. Essa atitude não vai resolver algo que dificilmente voltará atrás porque, a essa altura, para consertar o que não deveria ter ocorrido, somente a justiça! E isso teria um alto custo para todos nós, porque tanto eu quanto os outros sócios, acabaríamos todos na prisão. Procure compreender, filha, que agora, já é muito tarde para rever! Ainda bem que não fui eu quem planejou o golpe. Meu erro foi continuar usufruindo do que, em parte, não me pertencia.

– Não impeça o roteiro que tracei, na qualidade de terapia, intencionada a melhorar a minha situação psíquica!

– Oh, filha, acho que você está nos deixando de vez e não voltará mais a viver nesta casa – interveio Elba com o rosto molhado de lágrimas.

– Não, mãe! Poderei voltar ao convívio dos seus corações, mas somente depois que o erro for retificado.

Danilo voltou as mãos ao rosto não mais pela vergonha que sentia, mas para tentar esconder lágrimas, todavia, isso não impedia que elas fluíssem por entre os dedos.

Vendo-o assim abatido, Joseane falou usando um tom brando na voz:

– Peço, pai, que me desculpe por lhe causar esse incômodo. Entretanto, fique certo, de que um dia aí pela frente, compreenderá que a minha intenção foi e continuará sendo, exclusivamente, para o seu bem.

Três dias depois, ao retornarem à noite, Danilo e Elba encontraram um bilhete de Joseane com o seguinte teor:

"Pai e mãe, conforme já havia avisado, estou deixando esta casa. Não ajo por simples capricho, mas para não continuar usufruindo do conforto que ela oferece, pois não consigo retirar da mente a situação que a família de seu Amaro vem experimentando, sobrevivendo apenas com o básico necessário, sem conforto e sem esperança. Não consigo, da mesma forma, esquecer o local onde residem, pois quando chove, a rua sem qualquer tipo de pavimento, conforme percebi quando lá estive, fica intransitável por causa do lamaçal. Ver tudo isso sabendo que aquele homem fundou as empresas e presidiu-as até quando foi traído por supostos amigos que, usando métodos desonestos, tomaram-lhe tudo, usurpando os seus direitos de posse é muito triste. Esta casa, cognominada de mansão, diz muito da situação avantajada dos seus moradores, mas, infelizmente, a origem disso tudo não é lícita."

Sentindo que a emoção lhe tomava a voz, Danilo parou um pouco a leitura, pois jamais imaginava tais expressões da filha que, para ele, sempre fora bondosa e carinhosa.

Na verdade, antes de ouvir Laura, Joseane não se expressaria dessa maneira, por receio de magoar o pai. Entretanto, depois do reencontro com Laura ela passou a compreender que amar o pai não era silenciar, sem nada fazer para despertá-lo, mas sobretudo, ajudá-lo a reconhecer e retificar o erro, o que ele não conseguia entender. Assim, depois de respirar fundo ele voltou à leitura:

"Deixo a casa, mas levo-os no meu coração, já que, como filha, nada tenho a reclamar, pois sempre fui tratada com muito carinho e zelo. Todavia, não posso, reitero, prosseguir desfrutando de algo proveniente de uma ação em que a honestidade foi maculada. Beijo em seus corações e paz na consciência."

Danilo terminou a leitura e se jogou desesperado numa poltrona. Elba, por sua vez, fez o mesmo, pois as pernas trêmulas não lhe permitiam permanecer em pé. Entretanto, momentos depois, ela se dirigiu a Danilo:

– Lembra, Danilo, quando eu lhe disse que para qualquer ação praticada há retorno? Isso pode ser apenas o começo de uma grande desventura que está para chegar, segundo os meus pressentimentos.

Joseane era jovem, mas já de maior idade e formada em direito. Àquela altura, seria normal a decisão de sair da casa dos pais, para viver com responsabilidade sobre si mesma. Todavia, sendo ela filha única, os pais se apegaram tanto que, sequer, imaginavam que isso, inevitavelmente, um dia ocorreria.

Coincidentemente, naquela mesma noite, Beatriz teve a seguinte conversa com o seu pai Desidério:

– Gostaria de lhe fazer uma pergunta, cuja resposta poderá ser o incentivo para dar um novo rumo à minha vida.

– Se refere a quê, Beatriz?

– O que realmente aconteceu com seu Amaro que, de repente, a sua vida sofreu uma mudança brusca e hoje vive numa pobreza de causar espanto! Pode me explicar?

– Beatriz, a mim não interessa a vida de Amaro. Sou eu quem agora lhe pergunta: onde você quer chegar, penetrando em algo que não lhe diz respeito?

– Oh, pai! Como não, se vivo nesta casa desfrutando de tanto conforto, dinheiro em conta bancária, até carro, o que ainda não é muito usual às mulheres, para eu ir onde desejar, tudo custeado por dinheiro...

Percebendo que ela tocaria no assunto que tentava ocultar, ele interrompeu-a, adiantando a resposta, bem ao seu modo:

– Do meu esforço!

– Não posso negar que haja esforço desprendido da sua parte. Mas a origem do resultado de tudo isso foi provinda somente do esforço?

– Você quer parar, Beatriz? Eu tive um dia cheio de problemas e quando chego em casa ávido para descansar, vem você com conversa tão desagradável?!

– Pai, eu lhe fiz uma pergunta. Será tão difícil responder?

– Sim! Além de difícil, eu não quero e não toque mais nesse assunto. Compreendeu?

– Está bem, pai. Era isso que eu precisava para me convencer que devo tomar a decisão séria que falei há pouco: amanhã deixo esta casa e vou cuidar da minha vida sozinha! Sei muito bem tomar conta de mim. Além de já ser adulta, não posso e também não quero usufruir de tudo que venho recebendo facilmente de suas mãos, sem saber se o dinheiro usado para isso tem origem honesta.

– Beatriz, o que você está insinuando?

- Que o senhor conhece os motivos da pobreza e do sofrimento que seu Amaro e família vêm passando, mas não tem coragem de falar, porque se trata de um erro! Ora, pai, todo erro pode ser retificado e é bom que pense nisso, antes que lhe venha desagradável surpresa, já que nada permanece oculto para sempre.

Depois de uma pequena pausa, concluiu:

- Arranjei um trabalho, já tenho onde morar...

Vendo que a mãe começou a chorar, se aproximou dela e falou passando a mão, carinhosamente, na sua cabeça:

- Mãe, não chore, porque não estou cometendo nenhum erro. Faço isso pelo meu pai, já que não consigo imaginá-lo desonesto e insensível. É preciso acordá-lo para a razão, porque ele mesmo já não suporta os reclames da própria consciência.

Beatriz sequer imaginava que a sua mãe, Fausta, não chorava simplesmente porque a filha estava saindo de casa. Embora tenha alertado Desidério, quando este planejou o golpe contra Amaro, naquele momento ela estava realmente abalada pelo receio de descer do pedestal social em que acreditava se encontrar e voltar à pobreza de antes.

Beatriz deixou a casa e foi residir com Joseane. Ambas estavam eufóricas para contar aos demais, no encontro do domingo, conforme ficara decidido. Tanto que, ao constatar que todos se fizeram presentes, ansiosa para dar as notícias, Beatriz foi logo falando:

- Hoje, meus amigos, temos coisas importantes a tratar. Joseane vai comentar para vocês, principalmente aos que não foram conosco à casa de Laura, o que aconteceu.

Joseane, então, falou da recusa de Laura em aceitar a doação em dinheiro, da sua decisão de usar a sua parte em prol dos necessitados e, em seguida, explicou:

- Vocês, entretanto, não são obrigados a acatar as minhas decisões.

Tão logo retomou a palavra, Beatriz, intencionada a aguçar a sensibilidade dos amigos ali presentes, teceu comentários a respeito da situação difícil que Laura vivia e que, ainda assim, prestava assistência às pessoas necessitadas do local onde ela residia. Assim, ao perceber que havia conseguido o seu intento, exclamou com ênfase:

– Quem estiver decidido a usar o dinheiro que Laura recusou, em prol dos necessitados, levante as mãos!

Vendo com satisfação que todos reagiram positivamente, ela concluiu:

– Temos, então, que agir rapidamente, já que a fome tortura e a doença não espera!

O exemplo de Laura começava a contagiar a sensibilidade de todos. Mas, apesar do bom ânimo em relação à doação do dinheiro para ajudar os mais necessitados, nem todos demonstravam interesse de estar presentes nos locais, onde seriam feitas as referidas doações. Beatriz percebeu isso focando a fisionomia de cada um enquanto falava, mas preferiu deixar esse assunto para ser tratado entre ela e Joseane. Depois de participar a todos que ela e Joseane, com o objetivo de pressionar os pais a devolverem os direitos de Amaro, haviam saído das suas casas, ela perguntou:

– Alguém vai seguir o nosso exemplo?

– Eu gostei da ideia! Vou, então, procurar uma casa, dentro das minhas possibilidades, para alugar – respondeu Gabriel, filho de Rômulo.

– Tenho uma sugestão, – aparteou Cássio e, prosseguiu falando – podemos nos organizar e alugar uma casa para nós, os homens, e as mulheres também podem se juntar numa só casa. Dividindo as despesas será viável para todos. Mas quero deixar claro que é a nossa intenção apenas ajudar os nossos pais a despertarem com o impacto, para que tomem uma atitude e retornem o direito ao seu Amaro de reassumir a direção das suas empresas.

– Muito bem – voltou a falar Joseane – no próximo encontro definiremos onde e quando iremos distribuir os donativos e aproveitaremos a oportunidade para relaxarmos um pouco e nos conscientizarmos de que a união é força proveniente da afinidade expressa na amizade que, por sua vez, nada mais é do que uma forma de amar.

Terminado o encontro daquele dia, depois que ficaram a sós, Joseane foi logo falando:

– Não sei se você notou, Beatriz, que nem todos demonstraram bom ânimo para participar da distribuição dos donativos. Você, que é psicóloga, poderia fazer uma exposição de motivos com a intenção de despertar bom ânimo e conscientizá-los do valor dessa ação!

– Eu também notei isso. Mas em relação a fazer uma exposição de motivos para influenciá-los, não creio que eles se sensibilizem a ponto de mudarem um conceito que foi alimentado desde criança. Eu mesma não sabia que havia gente tão necessitada, a ponto de dependerem de doações para a sobrevivência. Certamente, eles não saberiam como se comportar num ambiente de pobreza!

Joseane compreendeu, mas não concordou com o ponto de vista de Beatriz. Ela guardava na mente uma recomendação de Jesus, que muito lhe tocara. Nos últimos dias estava conhecendo, por incentivo de Laura, o evangelho e havia lido e relido, dentre outras, a recomendação de Jesus de que *devemos querer para os outros somente o que desejamos para nós mesmos*. Levando em consideração este ensinamento, ela achava que o ato de servir seria bom para todos os participantes do grupo, que se encontravam sob o efeito da decepção com os pais e, consequentemente, tristes.

CAPÍTULO 4

MODIFICANDO PREDISPOSIÇÕES

A descrença, como lâmpada apagada, desfaz-se ao simples toque de um raio de conhecimento.

Dizzi Akibah

NUM SÁBADO À tarde, Laura, que trabalhava numa indústria têxtil, encontrava-se de folga, em casa. Ouvindo chamá-la lá fora, foi atender e, vendo que a visitante era Joseane, não ocultou a satisfação em recebê-la:

– Oh, Joseane, a sua presença me traz muita alegria!

– Encontrar um pouco de alegria foi um dos motivos que me trouxeram aqui.

Logo que entrou na sala, Joseane, então, puxou conversa, interessada a chegar onde desejava.

– Ouvir você, Laura, além de trazer alegria, é muito importante para mim!

– Não chegue a tanto, amiga, pois todos nós temos sempre algo a doar, mas nem sempre notamos. Um aperto de mão, um sorriso, um gesto carinhoso... Parece corriqueiro.

Entretanto, só entende o valor desses gestos quem os pratica, impulsionado pelo amor. Doar algo de si mesmo é o melhor antídoto contra o egoísmo, chaga moral que dificulta a prática da fraternidade.

– Uma boa conversa, no meu entender, não deixa de ser uma doação, não é mesmo? Tanto que, foi conversando, que você abriu para mim um novo horizonte para o qual não desejo apenas ficar olhando, mas descobrir o que se encontra nele e além dele. Posso afirmar que conversando, você salvou a minha vida física, pois como você sabe, eu tinha tendência para tentar contra ela pelo suicídio.

– Esqueça, Joseane! Nada fiz a não ser passar algo que também me foi dado. Mas se de certa forma eu contribuí, fico muito satisfeita com a sua decisão de seguir por um novo caminho!

– Quero experimentar, doravante e sempre, o que diz respeito ao bem, para que mais na frente eu também possa doar, não apenas coisas materiais, mas sobretudo, algo que gere em alguém uma nova esperança. Mas, por enquanto, já que nada ou quase nada possuo nesse sentido, começo a doação pelo que se encontra fora de mim, mas pelo menos estarei exercitando o desprendimento.

Laura, que ouvia com muita satisfação, exclamou:

– Bravos, amiga!

– Sua expressão de contentamento me anima. Mas acho que você vai sentir muito mais contentamento ao tomar conhecimento de que não me encontro sozinha nisso. Reunimo-nos para decidir o que seria feito com o dinheiro da sua recusa e não apenas eu e Beatriz, que já havíamos decidido, mas todos concordaram em destiná-lo ao socorro às pessoas carentes, conforme a sua sugestão. Vim pedir o seu apoio no sentido de nos orientar, pois alguns deles fizeram de boa vontade a doação do dinheiro, mas não demonstraram interesse de nos acompanhar na distribuição. Gostaria muito de contar com todos para isso, o que seria muito bom para começarmos juntos a ampliar os nossos sentimentos. Pensando nisso, vamos nos reunir amanhã, para uma conversa sobre a importância de servir. Pedi a Beatriz, já que é psicóloga, para fazer uma exposição de motivos com a finalidade de despertá-los para o sentido da doação, mas ela acha que simples palavras não mudam um conceito alimentado por eles, desde crianças. Assim foi, Laura, que pensei em você, porque tem mais conhecimento e experiência, para nos ajudar nisso.

– Está bem, Joseane. Mas será que eles não vão se sentir incomodados com a minha aparência?

– Por quê, Laura?

– Agora eu não uso roupas caras, não possuo mais joias e nem um carro como todos vocês. Talvez eu seja, para eles, alguém que não mais se encaixa nos seus costumes e, se isso acontecer, minhas palavras e minhas intenções não surtirão o efeito que você deseja.

– Duvido que isso ocorra! Tenho certeza que você vai deixá-los impressionados e que, também, vai ser um belo dia! Conte com isso.

Na manhã do domingo, mesmo antes do horário acordado, todos, exceto Joseane que ainda não havia chegado, já se encontravam no local, conversando e rindo de qualquer coisa, procurando, certamente, amenizar o impacto causado pelo comportamento dos pais. Mas isso não demorou, pois, silenciaram ao perceberem Joseane acompanhada por Laura, entrando no salão, o que foi uma grande surpresa, principalmente para os que, há muito tempo, haviam perdido o interesse de saber sobre a amiga de infância e começo de adolescência, já que ela vivia em ambiente e condição avessos aos deles.

Depois de ter cumprimentado a todos, Joseane perguntou em bom tom:

– Será que vocês ainda se lembram dela? – falou dirigindo o olhar a Laura e, em seguida, passou a explicar – convidei-a, pois, sua presença é motivo de muita alegria para mim e espero que também para vocês.

Depois de rápida pausa, ela voltou a falar, olhando na direção de Laura:

– Sei que a essa altura, todos ou quase todos estão curiosos para saber de que maneira você reagiu às mudanças bruscas ocorridas na sua vida, desde que seu pai, Amaro, foi afastado das empresas. Mas, além desse esclarecimento, Laura, eu lhe peço que teça comentários sobre as experiências adquiridas na atividade social que vem desenvolvendo em benefício dos mais necessitados. Espero que você tenha de todos a mesma atenção e o carinho de tempos atrás, antes da vida fazê-la seguir um rumo diferente.

Esperava-se que, pelo menos, alguns abraçassem-na, porque havia muitos anos que a tinham visto, com exceção daqueles que acompanharam Beatriz e Joseane no dia em que foram na casa dela, intencionados a fazer a doação do dinheiro. Entretanto, isso aconteceu, surpreendentemente, de outra maneira, talvez bem mais agradável para o momento: receberam-na com uma salva de palmas, o que amenizou o receio da visitante, deixando-a mais à vontade. Joseane, por sua vez, não escondia o contentamento, pois apesar de ter garantido a Laura que tudo acabaria bem, até aquele momento estava temerosa que alguma coisa desagradável ocorresse, deixando Laura em apuros. Não sabia ela que a dor moral aguça a sensibilidade a ponto de modificar as predisposições individuais, o que ocorria com cada um daqueles jovens, desde que souberam dos erros cometidos pelos pais.

– Satisfação de rever todos vocês e grata sou pela receptividade com que estou sendo recebida – disse Laura, demonstrando alegria com o sorriso de sempre.

Depois de pequena pausa, começou a falar, impondo à voz um tom brando, que soava agradavelmente por todo o salão:

– Sendo a vida um dom de Deus, logicamente, ninguém, por infeliz que se sinta ao enfrentar dissabores diversos, deve se desesperar, porquanto Deus, através das Suas leis imutáveis e perfeitas, assiste, socorre e encaminha o desditoso, de acordo com o seu merecimento. É preciso, antes de tudo, para evitar as quedas morais, que a criatura humana tenha acesso à verdadeira educação, que não ocorre nos colégios, mas sim, na primeira escola da vida, que é o lar, onde devemos observar os fundamentos da moralidade e, consequentemente, pormos em prática o respeito, a tolerância e a boa convivência objetivando, sobretudo, o despertar do amor. Faltando isso no lar, por desleixo ou falta de conhecimento dos pais, a fragilidade interior nos alcança e por falta de suporte moral a dor se torna bem pior, levando-nos ao desespero.

Laura falava e todos admirados com o que ouviam, bebiam palavra por palavra como o sedento à procura da água. Ela fez mais uma pausa, ensejando oportunidade para melhor compreensão e, em seguida, prosseguiu:

– Falo por experiência própria, porquanto, não foi fácil para mim, porque acostumada às facilidades e até mesmo ao luxo ilusório, me senti de um momento para outro em pobreza quase extrema. Chorei muito e, inconformada, passei a sentir raiva de quem havia causado o que eu pensava se tratar de uma desventura, sem vislumbrar uma simples réstia de esperança, já que meu pai, ante o impacto dos acontecimentos ocorridos, acabou doente e sem ânimo para tentar recomeçar a vida, demonstrando-se totalmente sem ação. Revoltada e insatisfeita com o local onde fomos forçados, pelas circunstâncias a residir, sequer tinha ânimo para chegar à janela, pois na minha maneira equivocada de pensar, nada havia para ver, a não ser os casebres e as pessoas que passavam vestidas em roupas descoloridas e quase sempre arrastando um velho chinelo nos pés.

Ela fez mais uma pausa, observou se a narração estava sendo enfadonha, mas percebendo que todos mantinham os olhares na sua direção, voltou a falar:

– Entretanto, certo dia, já bastante saturada daquela prisão voluntária, fui à janela e, coincidentemente, passavam duas pessoas bem próximas conversando e rindo! Percebendo que o riso denotava alegria, perguntei a mim mesma: isso é mesmo possível? Como pode alguém demonstrar alegria vivendo assim nessa pobreza? Abri a porta e saí pela primeira vez, rua abaixo, e as pessoas que eu encontrava ou que passavam por mim, me cumprimentavam com bom ânimo: "bom dia!" Eu respondia educadamente, mas em mim não existia motivos para responder o cumprimento com a mesma ênfase. Assim, cheguei ao final da rua, onde havia uma pequena praça, que parecia muito mais um depósito de lixo, e ao dar os primeiros passos de volta, eu já não me encontrava cabisbaixa e nem tanto revoltada. Afinal, o "bom dia" animado das pessoas, parecia ter me injetado uma nova energia. Assim, já olhando em minha volta, vi uma senhora sentada numa cadeira em frente a uma casinha bem simples e me senti atraída, pois fui tomada por um estado de simpatia e vontade de me aproximar dela. Mas, ainda desajeitada naquele ambiente, pedir água foi o recurso momentâneo que encontrei, para me aproximar dela e, tentando imitar as pessoas que haviam me cumprimentado, disse: "bom dia!". Ela levantou a cabeça, sorriu e respondeu: "Oh, filha! Para tudo tem, realmente, o seu 'bom dia' e o seu pode ser hoje!". Depois de sorver a água, passei a sentir algo estranho: a angústia que enchia o meu coração de tristeza foi, imediatamente, cedendo lugar a um bem-estar, de tal modo que, ao agradecer pela água, notei que eu estava sorrindo, coisa que não me acontecia há muito tempo. Aí, então, perguntei-lhe: "como pode a senhora afirmar que hoje pode ser o meu bom dia, se sequer me conhece? E o que significa isso?". Ela se levantou, foi lá dentro, pegou outra velha cadeira e falou sorrindo: "acho que ela ainda lhe aguenta!". Depois que me sentei, ela ficou, por instante, olhando para mim e respondeu: "eu lhe conheço, aliás, acho que somos velhas conhecidas. Entendo, por agora você não consegue entender isso, porém mais tarde entenderá não apenas isso, mas tantas outras coisas ainda imperceptíveis por se encontrarem adormecidas no profundo do seu eu, aguardando, apenas, um toque para o despertar. E quando isso ocorrer, grandes coisas no sentido do sentimento você realizará.

Depois de mais uma pausa, Laura prosseguiu se expressando:

– Eu, sinceramente, não estava entendendo quase nada do que ouvia, mas me encontrava impressionada por causa da firmeza com que ela se expressava. Ainda assim pensei: "essa senhora já deve estar chegando à caduquez, falando coisas que eu não entendo". Mas ao observar o seu semblante, pude perceber que havia convicção nas suas expressões. Ela parou por instantes de falar e eu, então, pensando que ela havia concluído, disse-lhe: "agradeço-lhe, não apenas pela água, mas sobretudo pela sua atenção provinda da bondade do seu coração, tocando em assuntos que, certamente, me farão pensar por alguns dias, na tentativa de compreendê-los". Ela, então, depois de fixar o olhar direto em meu rosto, disse: "chega um dia, filha, que a vida nos aponta um caminho bem diferente do que vínhamos percorrendo e ao sair da acomodação para uma revolução interior, sofremos muito, até que nos venha o entendimento. Dizendo isso, chego então à resposta da sua pergunta, pois a partir de agora, novo interesse lhe despertará, dando início a uma tarefa que já estava programada, desde quando você se preparou para esta existência". Ouvindo isso, acabei ficando com a mente aturdida e pensei: que conversa doida é essa?! O meu olhar de interrogação não lhe passou despercebido e ela, então, falou sorrindo, certamente achando engraçada a minha reação, gerada simplesmente pela ignorância: "não tenha pressa, pois isso você também entenderá num momento mais apropriado! E, já que você se referiu à bondade, creio que o seu coração já esteja verdadeiramente pronto para atos de bondade. Basta limpá-lo das sujidades da revolta, do azedume, da inconformação e logo sentirá como a vida mudará, inicialmente, para você mesma e mais adiante para todos os seus familiares. Quando isso ocorrer, você deverá ter muito cuidado em relação ao seu comportamento, pois ele será exemplo para muitos, principalmente os que, como você, passam pela juventude". Dito isso, pedindo que eu esperasse um pouco, foi à sala da casa e voltando com um livro, disse, estendendo a mão na minha direção: "aceite esse presente como lembrança do seu 'bom dia'". Eu perguntei: "Que livro é este?" e ela disse, "leia o título, minha filha!". Vi o título, mas como era muito volumoso, perguntei: "a senhora sugere que eu leia este livro tão grande?!". "Procure nele onde se encontra o Evangelho de Jesus e busque com dedicação os seus ensinamentos, pois sem eles será muito difícil alcançar a ventura da paz e da felicidade tão sonhada, já que o caminho é a consciência tranquila e o amor em ação. Afinal, o Mestre Divino nos recomendou *amar a Deus sobre todas as coisas e ao próximo como a nós mesmos.* Oh, ia me esquecendo!" e depois de ter ido à sala, retornou com mais um livro na mão, falando: "leve este também! Se sentir dificuldade de compreensão, volte aqui! Juntas tiraremos as dúvidas". Cheguei em casa, me dirigi ao lado e joguei-os pela janela, em cima da minha cama, pois não estava disposta a dar qualquer satisfação sobre eles à minha família.

Depois de mais uma pausa enquanto observava o efeito da sua narração, ela voltou a falar:

– Bem, noto que vocês estão curiosos para saber como dei a volta por cima, como o dito popular, a ponto de ter sempre nos lábios um sorriso de alegria, como disse, há poucos dias, Joseane. Foram os citados livros que me fizeram sair da amargura gerada pela inconformação e reagir, pois poucos dias depois que comecei a lê-los atenciosamente, saí, arranjei um emprego, incentivei meu irmão, Júlio, que fez o mesmo e assumimos as rédeas da família. Depois disso, passei a visitar nos fins de semana os casebres onde viviam pessoas necessitadas, tanto de alimento quanto de orientações. Era um quadro tão doloroso que passei a me sentir no dever de fazer alguma coisa para amenizar aquele sofrimento! Mas como?

Depois de mais uma pausa, Laura voltou a falar sorrindo:

– Naquele momento, as minhas roupas já não serviam para usar, porque eu havia emagrecido muito e elas ficaram muito folgadas. Já que eu estava trabalhando, planejei todo mês guardar qualquer sobra das despesas para comprar algumas roupas novas e doar as que não mais serviam para mim. Num fim de semana, coloquei-as numa sacola e fui contente fazer a minha primeira doação indo de porta em porta dos casebres. As mulheres me recebiam com atenção, me agradeciam, mas não ficavam com as roupas porque todas elas se encontravam magrinhas e desnutridas. Assim, eu pude perceber que a maior necessidade era o alimento! Peguei, então, o dinheiro que havia juntado para a compra das sonhadas roupas, comprei algumas cestas básicas e fui entregá-las nas casas onde havia crianças e idosos e mães amamentando recém-nascidos. As emoções que senti, embora ainda estejam vivas em meu íntimo, não saberia descrevê-las, por ser algo que para conhecer é preciso sentir e, para sentir é indispensável se colocar no lugar do outro. E assim, meus amigos, depois que passei a me alimentar melhor e tranquilizar a minha consciência, engordei mais um pouco e não precisei gastar com roupas novas, pois continuei durante um bom tempo a usar as minhas velhas roupas.

Ela terminou a narração, imaginando que, por ter sido longa, os seus ouvintes se sentiriam aliviados, mas logo notou que havia se enganado, porque todos ficaram em silêncio, possivelmente, refletindo, já que era aquela a primeira vez que ouviam com atenção referências sobre a pobreza, a caridade e os ensinamentos de Jesus, pois alguns, sequer acreditavam na existência de Deus. Entretanto, o momento era propício, pois todos eles se encontravam, desde quando souberam do comportamento desonesto dos seus pais, com a sensibilidade aguçada. Por isso mesmo, somente depois de alguns minutos, Cássio, que ainda mantinha por Laura bons sentimentos, ávido para se dirigir a ela, perguntou:

– Laura, você acabou não citando os títulos dos livros que recebeu da velhinha.

Depois de saberem que se tratava do Evangelho de Jesus e de *O Livro dos Espíritos*, Gabriel, então, tomou a palavra e perguntou:

– Você acredita, mesmo, na existência de Deus?

– Não só acredito, mas já tenho plena certeza.

– De onde provém essa certeza? – interveio Caetano, irmão de Beatriz.

– Da lógica de que todo efeito vem de uma causa. Ora, Caetano, basta você observar o que existe e não foi criado pelo homem. Se não foi o homem, está claro que foi alguém superior em inteligência, sabedoria e tantos outros atributos que, sequer, podemos imaginar.

Érica pediu a palavra e questionou:

– Bem, Laura, se Deus existe e como você afirmou é o criador de tudo que foge à capacidade do homem, nós também, logicamente, fomos por Ele criados. Só que eu não consigo entender porque há tanta desigualdade entre as pessoas, muitas delas parece que já nascem fadadas a sérias dificuldades para a sobrevivência, sem falar nas que portam graves deformações físicas e também psíquicas, enquanto que, tantas outras vêm em corpos perfeitos e belos. Onde fica essa justiça divina que tantos falam?

– Essa pergunta é feita pela maioria dos que ainda não têm bases para compreender, como eu mesma no passado, que a justiça divina rege as nossas vidas e é tão perfeita quanto o seu criador. Tanto que, se vivêssemos aqui na Terra apenas uma vez, lógico que não seria justa essa diferença social tão gritante. Mas, na verdade, voltamos aqui tantas vezes quantas forem necessárias, para o despertar de potencialidades que se encontram adormecidas no íntimo e crescermos cada vez mais, de existência em existência. No que toca às condições em que renascemos, refere-se ao merecimento de cada um, de acordo ao comportamento moral em existências pretéritas. Para compreender isso com clareza, Beatriz, é preciso fazer um estudo sobre as leis da reencarnação e de causa e efeito.

– Fascinante! – exclamou Francisco e, em seguida, quis saber: – Que livro trata desse assunto, Laura?

– É *O Livro dos Espíritos*, que pode ser encontrado em algumas livrarias.

Daí pra frente, passou a chover perguntas e Laura respondendo-as de acordo aos seus conhecimentos. No final, todos eles que haviam esquecido de Laura por ela ter ficado pobre, se encontravam cheios de admiração. Não era de estranhar, porquanto, antes do primeiro encontro de Laura com Joseane, todos aqueles jovens viviam na ilusão do consumismo, já que tinham dinheiro para gastar à vontade, doado pelos pais imprevidentes, que depois de terem alcançado uma situação financeira vantajosa, esqueceram-se de Deus e os filhos cresceram sem qualquer noção que lhes facilitasse a crença em um ser superior.

Tendo respondido todas as perguntas a ela dirigidas, demonstrando num belo sorriso a satisfação que sentia, Laura concluiu a sua participação no encontro:

– Não pensem em fazer justiça pelas próprias mãos, sequer julgar, pois antes de censurarmos os erros alheios, devemos corrigir os nossos deslizes e equívocos. Por isso, honrem os seus pais e com apreço cuide-os com dedicação, mesmo quando tenham cometido erros. Se os seus enganos prejudicaram de qualquer forma as suas vidas, perdoe-os!

Logo que Joseane saiu para levar Laura à casa, impressionados com o relato de Laura sobre os recursos encontrados no Evangelho de Jesus para superação do impacto sofrido com a mudança brusca, da riqueza para a pobreza, eles permaneceram no local tecendo comentários, o que os levou a acatarem a sugestão de Beatriz de iniciarem o estudo do Evangelho, o que ocorreria ali mesmo no salão do clube.

CAPÍTULO 5

RECLAMES DA CONSCIÊNCIA

A verdade está para a ilusão assim como a luz para a escuridão.
Dizzi Akibah

ERA UMA SEXTA-FEIRA, dia em que, por hábito, os sócios das empresas habitualmente se reuniam no começo da noite para uma conversa, cujo assunto se referia aos negócios, mas quase sempre intercalado por descontrações. Mas, naquele dia o tom da conversa havia sofrido uma mudança radical. Rômulo, que era extrovertido e gostava de gargalhar por qualquer coisa, entrou na sala demonstrando abatimento na fisionomia, o que chamou atenção de Desidério e Casimiro que já se encontravam no local:

– Rômulo, que há com você? – perguntou Casimiro.

– Vocês se acostumaram a me ver sempre alegre, mas não devem esquecer que a tristeza, mesmo quando passageira, quase sempre contagia a vida.

– Oh, Rômulo! – exclamou Desidério e prosseguiu se expressando – nós estávamos lhe esperando, para com a sua alegria melhorar o nosso estado íntimo, que não é nada bom.

– Ora, veja! Vocês também? Eu tenho motivos porque meus filhos Gabriel e Gabriela, de um momento para outro mudaram, radicalmente, o modo de me tratar. E o pior é que, além de resolverem sair de casa, não querem que eu continue depositando dinheiro em suas contas bancárias.

– Estranho! Gabriel já se encontrava totalmente interessado em assumir a direção da fábrica logo que terminasse os estudos, conforme conversou comigo há poucos dias! – disse Casimiro demonstrando estar surpreendido.

– E Gabriela que já estava se preparando para assumir comigo o setor contábil das empresas? Abordei esse assunto, mas a resposta foi que não desejava, absolutamente, mais nada em relação a isso.

– Rômulo, não se desgaste demasiadamente, porque eu acho que isso é algo orquestrado. Soube que eles estão se reunindo num clube e que não se trata de simples divertimento. Não imagino o que eles estão tramando. Meus filhos, Caetano, Francisco e Beatriz fizeram o mesmo: deixaram a casa alegando que não desejavam desfrutar de bens materiais adquiridos com dinheiro ilícito. Fiquei indignado! Mas, já me conformei, porque eles vão sentir o peso de viver por si mesmos e, certamente, voltarão para casa. Deixa! Vai ser uma bela lição para eles.

– Eu também estou passando pela mesma situação constrangedora. Érica e Cássio deixaram a casa com a mesma alegação. A filha de Danilo, Joseane, foi a primeira, conforme fui informado – interveio Casimiro.

– Falar em Danilo, por que será que ele faltou a esta reunião?

– Ele mandou avisar que não viria porque Elba não está nada bem, por causa da ausência de Joseane, está sendo muito difícil para ela que se encontra muito triste ultimamente, calada e sem querer se alimentar. Tudo por causa da inconformação! Soube que Joseane pediu a Danilo que parasse de depositar dinheiro para ela, porque não desejava usufruir de algo, cuja origem não continha a marca da honestidade; que Laura, sua amiga, desde quando Amaro foi afastado, experimentava sérias dificuldades para sobrevivência, a ponto de deixar os estudos e, o pior, segundo ela, é onde mora, pois se trata de uma periferia onde só reside gente necessitada – falou Rômulo e comentou, em seguida – o assunto é muito mais sério do que motivos outros, que mudam a cabeça do jovem por simples interesse! Não posso prever bons tempos para nós aí pela frente!

– Quem é Laura?

– Ora, Casimiro, Laura é a filha de Amaro!

Desidério e Casimiro depois de se entreolharem, silenciaram e com as fisionomias assinalando constrangimento, logo o ambiente ficou pesado... Por demais desagradável! Afinal, a consciência começava a chamá-los aos brios.

Passados alguns minutos, Rômulo interrompeu o silêncio constrangedor:

– Então é isso! Eles descobriram tudo! Ainda bem que o sentimento de vergonha perante eles não me impede de prosseguir amando-os do mesmo jeito.

– Eu acho que todos nós perdemos a referência dos filhos, como bons pais. Mas eu fico curioso para saber como descobriram isso! Os documentos estão todos trancados no cofre no escritório central das empresas, sem acesso de ninguém mais, além de nós.

– Não teria sido Amaro para se vingar? – perguntou Desidério.

– Não acredito! – exclamou Rômulo – pois, embora tudo que aconteceu e como aconteceu, Amaro não seria capaz de praticar vingança, porque é, inegavelmente, uma pessoa de natureza branda.

– O jeito de ser é algo particular dele. O que nos interessa é buscar uma saída, se houver, para amenizar a consciência. Será que da maneira que agimos não contraímos uma grande responsabilidade perante Deus? – perguntou Rômulo que, àquela altura, não ocultava a amargura que experimentava.

– Oh, agora você está se lembrando de Deus, Rômulo? Mesmo que tivéssemos certeza da existência d'Ele, a essa altura não adiantaria e nem seria justo lembrá-Lo somente na hora em que as coisas estão feias para o nosso lado. Melhor para mim, pois continuo duvidando da sua existência. Isso passou a acontecer desde a minha infância, quando a minha mãe morreu deixando seis crianças órfãs e, na época, eu contava apenas oito anos de idade. Se Deus existisse, deixaria isso acontecer?

A pergunta ficou sem resposta, por falta de qualquer tipo de argumento, já que, até aquele momento, o único interesse que movia as suas vidas, era o dinheiro. Entretanto, Rômulo tentou se justificar:

– Você tem razão, Desidério, de me perguntar por que somente agora eu estou lembrando de Deus. Mas, apesar disso, depois de ouvir uma pessoa que me foi apresentada, há algum tempo, eu passei a não pensar apenas no dinheiro e nos prazeres que ele proporciona, pois, segundo o novo amigo, que se chama Hilásio, o que está fora de nós e pensamos que é nosso, não nos pertence realmente, porquanto, poderemos perder de um momento para outro por circunstâncias que, sequer imaginamos. Para Hilásio, a verdadeira riqueza é o cultivo das boas qualidades morais como a honestidade, a compreensão, a tolerância, o respeito ao direito do outro, a capacidade de perdoar e, acima de tudo, de amar e servir.

– Meu amigo Rômulo, isso é coisa para padre, cujo interesse é só rezar para ir para o Céu. Vai se decepcionar, coitado, porque não há nada além do que podemos ver e tocar.

– Não, não! Se assim fosse, o que Jesus teria vindo fazer aqui neste mundo doido? Eu fiquei tão abalado com a conversa de Hilásio, que acabei recebendo um livro que ele me ofereceu e, hoje, eu acho que foi o melhor presente que já recebi até agora! Se querem saber, estou sim interessado em dar um novo rumo a minha vida, em relação aos meus sentimentos.

Ele fez uma pausa e percebendo que havia surpreendido os companheiros, prosseguiu:

– Entretanto, o que mais me impressionou ocorreu certo dia em que acordei com impressões ruins e profundo desalento, imaginando que isso seria um prenúncio de morte. Ainda bem que Hilásio chegou para uma rápida visita e tão logo me cumprimentou fixou o olhar na minha direção por instantes e falou com bastante firmeza: "você não está bem, mas isso vai passar. É bom afastar o medo da morte porque, na verdade, a vida prossegue mesmo depois dela, pois o que perdemos é, apenas, o corpo físico. O espírito que é uma criação de Deus, jamais findará! Por isso, é de grande importância que procuremos pautar o modo de viver, cultivando bons hábitos, pois, estamos preparando agora, com o comportamento adotado, a próxima existência, já que estivemos aqui antes dessa e viremos, ainda, muitas outras vezes depois desta.

– Rômulo, para com essa conversa doida, que não cabe na cabeça de gente ajuizada! Essa pessoa a quem você está dando atenção deve ser um doente mental! Onde já se viu, morrer e nascer de novo? Morreu, acabou!

– Desidério, antes eu também pensava assim, mas... Bem, já que vocês não acreditam, eu acho que é melhor mesmo eu parar de falar.

– É bom! – exclamou Casimiro, – falar dessas coisas do outro mundo me deixa todo arrepiado! Eu ouvi dizer que quem morre vira fantasma e fica por aí vagando e assombrando as pessoas. Desde menino tomei pavor disso. Tanto que nunca fui e nunca irei a um enterro, porque tenho medo do defunto!

Rômulo saiu de repente do estado de preocupação e tristeza que demonstrava e deu uma gargalhada, do mesmo jeito de sempre. Em seguida, observando que os companheiros demonstravam as fisionomias mais brandas, ele abordou, demonstrando disposição e convicção, um assunto que há muito desejava, mas que ainda não havia encontrado meios e nem ambiente:

– Companheiros, voltando ao início da conversa, nós precisamos como um dever moral, voltar as nossas atenções à situação de Amaro. Além da dívida de gratidão que temos para com ele, temos também que admitir a nossa parcela de culpa pelas dificuldades que ele e a família vêm passando.

– Rômulo, esqueça Amaro! Esse passado foi ruim para todos nós. Dizem por aí que quem remove lama, suja-se com os respingos.

– Mas não há mais receio de remover a lama, porque os respingos já estão em nós. Será que vocês não entendem a razão dos nossos filhos saírem todos de casa por estarem profundamente decepcionados? Coloco-me no lugar deles e concluo que eu faria o mesmo! Acordem companheiros, porque isso é, apenas, o início! O caminho já está traçado e nele, deve haver muito espinheiro.

CAPÍTULO 6

DIÁLOGO OPORTUNO

Onde viceja o remorso não germinam sementes da alegria.

Dizzi Akibah

COM A AUSÊNCIA dos filhos, os pais não conseguiam reagir contra o desânimo que ia se intensificando cada vez mais, refletindo negativamente nos negócios. Assim, três semanas depois que Rômulo sugeriu dirigirem as atenções a situação de Amaro, como um dever moral, eles evitavam qualquer conversa que tratasse do mesmo assunto, exceto Rômulo que se encontrava firme na mesma decisão. Assim foi que ele pediu uma nova reunião e como era o mais interessado, foi o primeiro a falar:

– Companheiros, precisamos mudar os rumos, pois se não reagirmos contra o desânimo por mais algum tempo, poderemos chegar à falência, já que o suporte de qualquer empreendimento fadado ao sucesso é o bom ânimo!

Desidério olhou assustado para Rômulo e observou:

– Péssimo prognóstico. Isso só ocorrerá se você prosseguir se orientando por uma pessoa que nos parece muito mais um doente mental. O setor contábil sob a sua responsabilidade é onde se reflete a situação e organização dos negócios. Desculpe-me a expressão, mas é o que preciso falar neste momento: trate de botar a cabeça no devido lugar, porque qualquer erro na contabilidade torna-se grave para a nossa atual situação!

– Isso é parte da minha vida particular! As orientações que recebo de Hilásio não dizem respeito a negócios e, assim sendo, não interfere na minha atividade profissional. Entretanto, os conselhos desse amigo, que muito prezo, podem sim, servir de orientação, pois sem equilíbrio emocional nada flui positivamente e nesse particular ele sabe muito bem o que diz. Tanto que convidei-o para estar conosco por alguns minutos, pois já não podemos negar que necessitamos, a essa altura, de orientação de alguém que sabe muito mais do que nós sobre a vida.

– Espero que você não tenha passado para ele o motivo que está nos levando ao desânimo! – interveio Casimiro.

– Estaria depondo contra mim mesmo. Jamais trataria com ele de qualquer assunto fora da orientação estritamente pessoal, principalmente agora que fui motivado a crer na existência de Deus, que rege as nossas vidas, através de leis perfeitas e imutáveis. Eu já estou convicto que as nossas ações devem ser, tão somente, as possíveis de aprovação da consciência. Pois, do contrário, poderemos estar cultivando o remorso ou o arrependimento tardio, como é o meu caso em relação a Amaro.

Fez uma pausa e, embora o constrangimento demonstrado por Desidério e Casimiro, voltou ao início da conversa:

– A produção está caindo simplesmente por causa dos reclames da consciência, que começa a chamar a cada um de nós aos brios.

– Concordo com Rômulo! – exclamou Danilo.

Casimiro levantou-se rapidamente e exteriorizando toda a sua revolta, falou a toda voz:

– Vocês estão prestes a experimentar o mesmo que ocorreu a Amaro!

Antes que Danilo falasse o que desejava, provavelmente em defesa de Rômulo, alguém avisou que Hilásio havia chegado.

Rômulo ia saindo para recebê-lo, mas parou para ouvir Desidério que perguntou se ele iria introduzir um estranho numa reunião restrita aos sócios das empresas.

– Se fosse um amigo seu evitaria apresentar aos companheiros? É somente o que vou fazer.

Instantes depois, Rômulo abriu a porta da sala e com a mão sobre o ombro de Hilásio, disse em bom tom:

– Companheiros, eu lhes apresento Hilásio, o amigo a quem eu me referi.

Hilásio estendeu a mão a Desidério e depois de retê-la por instantes, disse:

– Desejo-lhe lucidez.

Em seguida, se dirigiu a Casimiro e também retendo por instantes a mão, olhou bem nos olhos dele e disse-lhe:

– Desejo-lhe que guie os seus pensamentos com o mesmo cuidado que dirige o seu veículo.

Por fim, foi a vez de Danilo. Depois de fazer o mesmo gesto, disse:

– Sem receio dê o passo que falta para aceitar Deus como verdadeiro pai.

Danilo, então, respondeu:

– Você me diz isso, mas eu acho que não me falta apenas um passo, mas todos, porque eu não tenho bases para acreditar na existência de Deus, já que ninguém, até hoje, encontrou uma prova que realmente me convença.

– Todo efeito vem de uma causa. Onde se encontram as causas de tudo que existe e não foi criado pelo homem?

– Você me desculpe, mas eu não vou me dar ao trabalho de pensar nisso, porque se trata de preocupação de religiosos, inclusive, os que usam a religião como capa para esconder interesses particulares.

Hilásio percebeu que a indireta era para ele, entretanto, sorriu e respondeu:

– Todos temos liberdade para pensar. E mesmo quando o que pensamos é um engano, não é ruim, pois cometendo erros e enganos é que normalmente aprendemos.

Desidério que se mostrava impaciente, quis dar a sua opinião:

– Eu também sou muito descrente, porque neste mundo doido, só vive bem quem tem mais esperteza, porque somente assim se consegue viver numa situação distante das dificuldades de sobrevivência. Falar nisso, gostaria que você me falasse sobre a riqueza e a pobreza, assunto que nos últimos dias vem me dando muito o que pensar:

– Material ou espiritual? – perguntou Hilásio.

– Eu nunca ouvi falar sobre riqueza ou pobreza espiritual! Se ouvisse, certamente não acreditaria, porque eu acho que, para quem morreu, acabou a história.

– Decerto acaba a história da atual existência, todavia, a vida continua! Mas, respondendo a sua pergunta, tanto a riqueza quanto a pobreza em relação à vida material não deixam de ser meios de educação moral, já que são, ao mesmo tempo, sérias provas. E, assim sendo, é preciso muito cuidado ao se movimentar nestas duas situações. Na primeira, é fácil ceder a uma falsa superioridade e, na segunda à revolta. Já a pobreza espiritual diz respeito a ignorância de si mesmo e a riqueza, dentre outros, é a soma das virtudes já adquiridas.

Casimiro, que estava apenas ouvindo, quis também dar a sua opinião:

– Você me desculpe a sinceridade, mas pensar nessas coisas, que retorno nos traz? Penso que atrapalha muito a vida, pois se o tempo já não é suficiente para dar conta do trabalho, imagine ficar pensando em coisas que não se prova, porque não têm existência real? Por isso mesmo, eu não ligo muito para essa questão se Deus existe ou não existe... Por enquanto, quero ver a minha família bem e os meus filhos com um futuro assegurado. Este é o objetivo, o qual não abro mão seja qual for a situação. Hoje em dia, a competição é muito grande e, por isso mesmo, não sobra tempo para tais divagações.

– Também lhe peço desculpa ao afirmar que compreendi o seu ponto de vista, mas, infelizmente, não concordo – falou Hilásio, de pé, intencionado a sair, mas Desidério achando que o visitante teria sido hostilizado, tentou amenizar:

– Embora tenha faltado cordialidade no trato para com você, na qualidade de visitante, a sua presença, não posso negar, me trouxe bem-estar. Senti uma certa leveza no coração e alívio de um peso na cabeça, que há muito tempo vinha me incomodando. Se foi pela sua presença, muito obrigado! Entendo que não devo duvidar das pessoas, principalmente quando se refere a um assunto que não acredito por falta de bases. Fique, então, mais um pouco, e à vontade, se desejar!

Hilásio agradeceu e se desculpou, alegando que tinha alguns compromissos a cumprir e, assim, a conversa poderia prosseguir em outra oportunidade. Afinal, ele se lembrou da pergunta de Jesus: "por que dar pérolas aos porcos?". Assim, compreendendo que o terreno onde ele poderia semear o bem ainda se encontrava infértil, se dirigiu, novamente, a cada um deles e se despediu, dizendo-lhes:

– A estrada é longa. Mas teremos que percorrê-la, mesmo quando nos debatermos com os pedregulhos e os espinheiros que, um dia, nela deixamos. Paz e lucidez!

Depois que Hilásio saiu, o ambiente na sala ficou mais leve. Tanto que, todos permaneceram em silêncio, até quando, minutos depois, Casimiro perguntou se iriam tratar ainda do mesmo assunto e Desidério então respondeu:

– Eu até que gostaria de encerrar agora. Entretanto, Rômulo tem direito de resposta sobre a ameaça que você fez, por se tratar, realmente, de um sério assunto.

– Muito bem, Casimiro, ante a dura ameaça que você fez, garanto que não ocorrerá comigo e Danilo o que fizeram com Amaro, que confiava irrestritamente em nossa honestidade e, por isso mesmo, acabou sendo traído. Se há intenção de me afastar, ilegalmente, por causa da minha decisão de mudar para melhor o meu comportamento e da preocupação com a situação de Amaro, estão assinando um documento comprobatório de ignorância.

– Concordo plenamente com Rômulo! – aparteou Danilo e seguiu explicando – ora, companheiros, quer queira ou não, a vida mudou para todos nós, reflexo de um grave erro que, como disse há pouco Rômulo, é preciso ser corrigido. Antes que algo mais sério venha a acontecer com as empresas, é bom, pelo menos, retirarmos os valores que faz jus a Amaro, como se fosse uma indenização, pois além de fazer justiça, ameniza a nossa consciência, melhora ou acaba com o ambiente de tristeza em nossas casas, porque, certamente, depois disso, nossos filhos voltarão à nossa convivência.

– Os direitos de Amaro não se resumem, apenas, a uma certa quantia em dinheiro, porque muito mais importante do que isso, é o de propriedade. Entretanto, se formos mexer com isso, acabaremos todos presos e condenados como ladrões. Por isso mesmo, a essa altura, não há alternativa a não ser prosseguir como está.

– Se vocês não concordarem, – interveio Desidério se dirigindo a Rômulo e Danilo – não poderemos, doravante, caminhar juntos, por falta de entendimento.

– Não concordo – falou Danilo.

– Eu também, de forma alguma posso concordar com isso! É o mesmo que me condenar a viver com a consciência pesada, sem a presença dos meus filhos e pior ainda: sabendo que fui ajudado por Amaro que, bondosamente, foi me buscar em Fortaleza, simplesmente para melhorar as minhas condições de vida! Isso eu não faço! A ingratidão é um péssimo defeito moral.

– Então, considerem-se fora das empresas – bradou Desidério.

– Não antes de procurar a justiça, pois se vocês foram os idealizadores do golpe contra Amaro, imagine o que não são capazes de fazer comigo e Danilo?

– Vá à justiça, mas não se esqueça que, mesmo atribuindo a mim e também a Casimiro tudo o que aconteceu com Amaro, também vocês estão complicados, porque prosseguiram, mesmo sabendo que havia ilegalidade. Vá à justiça e todos acabaremos num presídio!

- Podemos, então, a partir de segunda-feira fazer um balanço total nas empresas e aí veremos quanto vocês têm direito a receber, como sócios, até este momento - sugeriu Casimiro.

Na segunda-feira, Rômulo e Danilo ao chegarem para o acompanhamento do balanço receberam um recado na portaria, de que voltassem quando Desidério ou Casimiro os chamassem. Os dias foram passando sem que eles fossem chamados para saber o resultado do balanço. Assim, foram procurar Desidério, mas em lá chegando, o porteiro pediu-lhes desculpas, pois tinha ordem de não os deixar entrar, ao tempo em que passava às suas mãos comunicações por escrito. Eram cartas avisando que, infelizmente, havia sido constatado, ao finalizar o balanço, que as empresas estavam numa séria situação. Já faltava dinheiro até para o pagamento de fornecedores.

- Fomos enganados e traídos - falou Danilo raivoso.

- Sim, Danilo, isso haveria de acontecer, porque ninguém foge de uma lei denominada causa e efeito.

- Onde você foi buscar essa lei, que eu nunca ouvi falar, Rômulo?

- Essa lei, Danilo, não é dos homens, porque é divina e nunca falha! Vamos experimentar, doravante, as mesmas amarguras que Amaro vem sofrendo.

- Estou perdido, Rômulo! Vou ficar sem casa para morar com a minha família! Tomei uma vultosa quantia no banco para comprar a casa e não quitei, ainda, sequer cinquenta por cento do empréstimo!

- Danilo, você residia numa bela casa! Será mesmo que havia necessidade de assumir um compromisso tão alto, para comprar uma mansão?

- Agora começo a perceber, quanto eu estava iludido, alimentando uma boba vaidade, esquecido das minhas origens. Mas, olha, Rômulo, eu não vou deixar isso assim de graça! Há muitos meios de me vingar deles. Aí saberão que não estão lidando com um bobo!

– Danilo, acalme-se e não pense em vingança! Se você atuar movido por este sentimento ruim, o efeito virá como resposta para você mesmo. Não sei se você observou quando Hilásio disse que a estrada era longa, mas mesmo assim teríamos que percorrê-la, mesmo que encontrássemos os pedregulhos e espinheiros que lá deixamos.

– Realmente, não prestei atenção.

– Mas agora você já sabe e por isso, antes de agir, deve pensar direitinho na lei de causa e efeito.

* * *

ENQUANTO ISSO OCORRIA com os pais, os filhos, bastante animados com as novidades que tomavam conhecimento, durante os encontros, começavam a compreender o valor da amizade e a extensão da fraternidade e sua eficácia, na prática, não somente entre aqueles que se encontravam no mesmo nível social, mas para com todas as pessoas. Assim foi que, no fim de semana, precisamente no sábado, Laura viu, cheia de surpresa, três veículos parando em frente à sua casa. Antes mesmo de imaginar quem estaria chegando, viu a amiga Joseane descendo do carro e acenando para ela, como também Cássio, Érica, Gabriel e Gabriela, Beatriz, Caetano e Francisco foram também se aproximando.

– Oh, que satisfação os ver! É para mim uma agradável surpresa!

– Não tome a nossa simples presença como surpresa, porque surpreendida mesmo você vai ficar ao saber o que viemos fazer aqui. Os carros estão lotados de alimentos e nós precisamos da sua ajuda, já que sabe quem são os mais necessitados deste lugar – falou Joseane demonstrando contentamento.

Laura pediu licença e foi estar com os seus familiares que se encontravam na sala de jantar. Depois de falar sobre os visitantes e a finalidade de estarem ali, perguntou:

– Quem quer participar?

Os componentes da família se uniram aos jovens que iriam, pela primeira vez, experimentar o ato de doar. Momentos depois eles já se encontravam às portas dos casebres levando, para a satisfação dos seus moradores, o alívio para necessidades urgentes. Além do alimento, eles entregavam calçados e agasalhos contra o frio. Aquele dia, embora fosse igual a tantos outros, para os necessitados de apoio material e sobretudo moral, era sim, bem diferente, pois não dormiriam com o estômago vazio e nem com a tristeza de se sentirem sempre relegados pela sociedade, tantas vezes injusta e insensível. Nos primeiros momentos, os jovens doadores se mostravam sem jeito e alguns deles permaneciam à parte, somente observando, enquanto Laura e os seus pais faziam alegremente as entregas. Percebendo isso, cheia de entusiasmo e alegria, o que contagiava a cada um dos que recebiam as doações, Laura voltou-se para os demais doadores e começou a chamá-los nominalmente:

– Venha, Cássio! Vê aquela família que aguarda ali na porta? Faça a sua doação com amor e bondade!

Cássio pegou as sacolas e antes de chegar à porta para entregá-las, uma menininha de, presumivelmente, seis anos de idade, veio ao seu encontro correndo e depois de parar de vez em sua frente, tomando-lhe a passagem perguntou:

– Moço, foi Deus que mandou você vir aqui?

Cássio, que ainda não tinha bases para acreditar na existência de Deus, sem saber o que responder à criança, apenas sorriu. Mas a menina se expressou com firmeza:

– Você não quer falar, mas eu sei que foi, porque ontem eu dormi sem comer e perguntei a Deus se Ele poderia me ajudar. Dormi ainda chorando, mas sonhei com um anjo e ele me disse: "não chore, porque amanhã, você vai ter o que pediu a Deus". Eu perguntei, quem era que ia me ajudar e ele então disse que era um moço de bom coração. Então, você é ele, o moço de bom coração que veio, porque foi Deus quem mandou!

– Está bem, – falou Cássio, ainda se sentindo sem jeito para o que estava fazendo – se você acredita que foi Deus, então foi!

Chegou à porta, entregou as sacolas, ouviu palavras de agradecimentos e quando ia saindo, a menina chamou mais uma vez a sua atenção:

– Moço, eu queria lhe dar um abraço, você deixa? É porque eu gostei de você e nunca vou lhe esquecer!

Cássio abaixou, abraçou a criança e respondeu, emocionado:

– Eu acho que eu também nunca vou lhe esquecer – falou já com um lenço na mão, enxugando as lágrimas que, apesar de ter tentado, não conseguiu evitá-las.

O fato não passou despercebido aos outros jovens, pois curiosos, ficaram observando como Cássio se comportaria e, ao vê-lo enxugando as lágrimas, se emocionaram e a nova emoção foi um incentivo para que todos eles rompessem as barreiras sociais. Sem mais qualquer acanhamento, pegaram as sacolas e ao entregá-las, assim como fez Cássio, iam experimentando, pela primeira vez, os efeitos de uma realidade que desconheciam. No final, parecia que o ato de doar havia retirado deles uma escama dos olhos ou um véu que nublava os seus sentimentos, já que inicialmente concordaram com a ideia de procederem à doação, simplesmente para se livrarem do dinheiro que julgavam de origem desonesta. Mas o exemplo de Laura foi o primeiro toque que eles precisavam para o despertar, a ponto de compreenderem que o valor da vida não se encontra fora de si, mas nos bons atos, principalmente quando impulsionados pelo amor.

CAPÍTULO 7

PAGANDO COM A MESMA MOEDA

Não olhe, somente, pela janela do desgosto. Do lado oposto é possível perceber o caminho da esperança.

Dizzi Akibah

AO AGIRMOS NO bem, as vibrações interiores se harmonizam e estabelecem afinidade. Por isso mesmo, Rômulo, embora a surpresa desagradável de ter sido excluído pelos, até então, sócios e companheiros, apoiava-se na compreensão de que a vida não se resumia, apenas, ao interesse de acumular bens materiais. Experimentando os mesmos dissabores imposto a Amaro, sentia-se derrotado, sem qualquer suporte moral para censurar o comportamento de Desidério e Casimiro, porquanto já se considerava também culpado, desde quando os filhos saíram de casa. Assim, notando que Danilo se encontrava bastante abalado e raivoso, segurou-o pelo braço e logo que o afastou do local, passou a acalmá-lo:

– Danilo, meu amigo, acalme-se! Afinal, sermos derrotados por eles é oportunidade de amenizarmos a consciência.

– Mas eles nos traíram, Rômulo!

– Sim! Mas devemos ter paciência porque, pelo que eu já entendo, Hilásio está certo ao afirmar que há uma lei divina denominada "causa e efeito". Estamos, portanto, a experimentar os mesmos dissabores que impusemos a Amaro! – frisou mais uma vez, intencionado a acalmar o companheiro.

– Você crê mesmo nisso? – perguntou Danilo, olhando fixamente para Rômulo:

– Não encontro outra explicação!

– Amaro mantinha confiança irrestrita em todos nós. A situação atual é bem diferente porque, como haver confiança onde não há fidelidade, se estamos todos nivelados na condição de traidores? Eles podem ser espertos na ganância, mas dessa vez, isso será resolvido na justiça!

– Ora, Danilo! Na maldade há uma grande variedade de laços! Estou quase certo que eles nos deixarão sem nada, como se encontra Amaro! Mas não há como denunciá-los porque tudo será descoberto e acabaremos todos presos como ladrões. Como ficaríamos ante as nossas famílias?

Depois de uma breve pausa, Rômulo comentou:

– Não sei, Danilo, se você concorda em procurarmos Amaro e já que estamos passando pela mesma situação que impusemos a ele, pedir que nos perdoe. Penso que essa atitude pode aliviar um pouco os reclames da consciência.

– Que ideia maluca, Rômulo! Nem por trás de uma máscara eu teria coragem de encará-lo ou ser por ele encarado. Você faria isso?!

– Estou alimentando a ideia, porque não aguento mais as acusações que vêm na minha mente: ladrão, traidor... Acho que é a consciência me acusando.

– Venho notando, Rômulo, que desde que você falou pela primeira vez sobre seu amigo Hilásio, vem se baseando por coisas abstratas. Cuidado com a mente, porque muita gente perde a razão quando sai do normal da vida!

– O que você considera ser o normal da vida?

– Para mim, é dar atenção somente ao que está ao alcance da nossa vista. O resto é mera ilusão, pois se não podemos ver e tocar, também não podemos provar que existe.

– E Deus, não se encontra no abstrato? Nem por isso devemos negar a Sua existência!

– Mas que prova você tem que Ele existe?

– Os resultados da ação constante da natureza... Tudo! Tudo que existe e não foi o homem que criou. Mas nem precisamos de tanto para a prova de que Deus existe, pois basta tomarmos como base o que me disse, há poucos dias, Hilásio: podemos encontrar a verdade muito mais no que sentimos do que no que vemos.

– Bem, ante essa afirmação, esgotam os meus argumentos para contestar a existência de Deus!

Depois de silenciar por instantes, certamente, refletindo no que ouviu de Rômulo, Danilo comentou:

– Bem que eu gostaria de conversar um pouco com Hilásio, mas não ousaria pedir isso, por causa da indelicadeza com que o tratei. Penso que ele nem me receberia! A não ser que ele seja capaz de me desculpar, o que acho muito difícil, porque eu no lugar dele não desculparia!

– Provavelmente ele nem se lembra mais disso, porque aqueles que optam pelo bem não se deixam afetar por simples gestos indelicados.

– Rômulo, você já demonstra, com bastante firmeza, acreditar na existência de Deus. Agora, se já me faltam argumentos para contestar, eu gostaria de obter a certeza disso! Entretanto, como conciliar a ideia de um Deus pai, amoroso e justo, se nascem tantas crianças com deficiências físicas, que nos causam tristeza sempre que as vemos, sem contar com as que nascem em famílias tão pobres que não conseguem, sequer, alimentá-las, enquanto que outras chegam ao mundo e despertam num lar rico, sem que nada lhes falte? Para você, isso é justo? Que Deus é esse, então, se eu mesmo, que me sinto desonesto e traidor, jamais deixaria meus filhos passarem fome?

– Gostaria de poder lhe responder, contudo, eu também ainda não sei. Mas se isso acontece, tem que haver um motivo que justifique, porque se assim não fosse, acabaria me convencendo que você como pai seria melhor do que Deus. Um absurdo inaceitável!

– Será que Hilásio saberia responder isso?

– Se você quiser mesmo saber poderemos perguntar a ele.

– Eu ainda não sei se quero ou não me aprofundar nesses assuntos... Eu acho que para mim e você que carregamos o mesmo peso de um grave erro, melhor mesmo seria continuar ignorando esses conhecimentos. Sabe por quê?

– Sei! Quanto mais aprendemos, a verdade se revela e acaba incomodando-nos, já que a nossa tendência é sempre tentar esconder os erros que praticamos. Todavia, Danilo, se nos falta coragem para enfrentar a nós mesmos, que saberemos fazer ante os desafios da vida?

Rômulo silenciou por instantes, mas como Danilo se demonstrava pensativo, prosseguiu:

– Há alguns anos, eu me convenci que viver era muito fácil, tomando como base a situação financeira que antes era, apenas, o suficiente para o alimento da família. Esse pensamento me surgiu logo que Amaro me convidou para trabalhar com ele, com um rendimento quintuplicado e, me convenci disso quando ele me tornou sócio dos seus negócios, sem qualquer participação monetária. Tanto que passei a viver na ilusão de que a minha vida se assemelhava ao mundo imaginário criado pela varinha de condão de uma fada. Agora, entretanto, que me vejo na iminência de me tornar mais pobre do que antes, acabar preso e desmoralizado ante a minha família, descobri que me enganei e acabei me convencendo de que somente com os desafios que a vida nos apresenta, caímos na realidade e passamos a buscar, além do dinheiro e dos gozos da vida material, algo muito mais valioso como, por exemplo, pôr sempre à frente das decisões a verdade, que embora possa ser usada por todos, não nos pertence, porque não foi originada na mente humana.

Fez nova pausa e, em seguida, concluiu:

- Diga-me, então, Danilo, se Deus não existe!

- Parece que você quer me colocar num labirinto sem saída! Que tem a ver a verdade com a crença na existência de Deus?

- Tudo! Se não teve origem na mente do homem, onde se encontra o seu fundamento?

Porque Danilo não soube responder à pergunta ou simplesmente não quis se dar por vencido, Rômulo prosseguiu argumentando:

- Como disse Hilásio, é Deus quem comanda as nossas vidas através de leis, inclusive a de causa e efeito.

- Com lei de Deus ou sem ela, que faremos, Rômulo, para sairmos dessa situação difícil?

- Eu tive uma ideia. Venho fazendo depósitos numa conta bancária, pensando no futuro dos meus filhos. Vou ter que usar esse dinheiro para recomeçar tudo de novo, inclusive um modo de viver nada parecido com as ilusões das facilidades.

- Rômulo, que boa ideia! Eu venho fazendo depósitos na conta de Joseane. Tenho certeza que ela vai entender a situação. Com esse dinheiro posso reiniciar a minha profissão de comerciante, como era antes de trabalhar com Amaro.

Antes do convite de Amaro, Danilo sobrevivia de um micro negócio, tipo lanchonete, denominado "seu café da manhã". Mal dava para o sustento da família.

- Penso que, em breve, o desespero cederá lugar a uma nova esperança! - exclamou Rômulo que, apesar de tudo, procurava com bom ânimo amenizar os efeitos das dificuldades que experimentava.

CAPÍTULO 8

REENCONTRO EMOCIONANTE

O perdão está para o coração assim como a higiene para o ambiente doméstico.

Dizzi Akibah

NO AMARGOR DA derrota, a criatura humana sente-se desditosa e limita o raciocínio, dificultando, por si mesma, o encontro de uma saída. Nesse estado psíquico surge a necessidade de falar, falar do jeito que vinha ocorrendo entre os personagens da presente história, Rômulo e Danilo, pois, depois do último diálogo que haviam mantido, surgiu-lhes uma réstia de esperança, entretanto, dias depois, ao se reencontrarem, Danilo foi logo perguntando:

– A sua ideia deu certo ou estou enganado, Rômulo?

– Se considerarmos o adágio popular de que, quando uma porta se fecha outra se abre, você não está enganado, pois naquele mesmo dia da nossa última conversa falei com Gabriela e Gabriel sobre o dinheiro depositado para eles, no banco, mas apesar de me ouvirem com muita atenção, logo que eu silenciei esperando a reação, Gabriela se adiantou na resposta:

– Pai, eu não lamento pelo fato de o senhor ter sido afastado das empresas, pois isso teria que acontecer, porque ninguém consegue driblar a própria consciência e, sobretudo, a justiça divina.

Fez uma breve pausa enquanto respirava fundo e fixando o olhar em mim, voltou a argumentar:

– Lamento, sinceramente, não poder atendê-lo, porque eu e Gabriel usamos o referido dinheiro na compra de alimentos e medicamentos para pessoas necessitadas que, além de não contar com a assistência dos poderes públicos, são menosprezadas por muitos, que em vez de estenderem as mãos fraternalmente e ajudá-los, desviam os olhares para não os ver.

– Desculpe, Rômulo, por se tratar dos seus filhos, mas parece que eles agiram, superficialmente e, sem noção do que estavam fazendo acabaram fechando a porta para você!

– Sim! Realmente fecharam a porta dos meus interesses, mas abriram outra bem mais ampla e promissora ao agirem com muito bom-senso e admirável sensibilidade. Senão, vejamos: quando Gabriela acabou de falar e Gabriel, que estava só ouvindo, confirmou o que ela havia dito, uma forte emoção de alegria tomou-me por completo! Aí, então, num só abraço, aproximei-os bem mais do meu coração e disse-lhes: "parabéns, meus filhos, pelo bom exemplo que dão ao seu pai, que nada mais é neste momento do que um traidor ingrato e desonesto!"

Depois de uma rápida pausa, Rômulo falou mudando o tom da voz:

– Isso, Danilo, era o que faltava para os meus filhos retornarem ao meu convívio, conforme ficou decidido naquele mesmo momento: Gabriela me segurou por um braço e Gabriel pelo outro e levaram-me a uma poltrona. Depois de acomodados junto a mim, Gabriel falou por si mesmo e por Gabriela: "pai, como já não há mais necessidade da nossa ausência, que teve, apenas, a finalidade de chamar a sua atenção para assumir a responsabilidade dos seus atos e isso acabamos de constatar em seus sentimentos, voltaremos ao convívio do nosso lar."

- Oh, Rômulo! - exclamou Danilo e prosseguiu se expressando - você tem toda razão de estar emocionado, porque era isso mesmo que você mais desejava!

- Bem, aí então, já que estão trabalhando, eles continuarão assumindo as despesas da família, mas sem regalias como empregados, encontros de amigos nos fins de semana... No final da conversa, ficou também decidido a venda da casa. Com o dinheiro compraremos uma bem simples num bairro periférico e, com a sobra, eu pretendo montar um pequeno escritório de contabilidade e tentar recomeçar a vida. Isso se eu não for condenado à prisão!

Fez novamente uma pausa e depois de mais uma das costumeiras gargalhadas para desobstruir o íntimo, falou a toda voz:

- Deu para perceber, Danilo, como é verdadeira a lei de causa e efeito? Estamos começando a experimentar o mesmo que fizemos a Amaro! - repetiu mais uma vez, tentando despertar o amigo e companheiro.

- De tanto repetir isso você vai acabar me convencendo, Rômulo!

- Seria muito bom para a sua vida, que ainda está sem rumo certo! Pelo menos, em vez de culpar os outros pelas suas desditas, passaria a assumir a responsabilidade dos seus próprios atos.

Danilo não gostou do que ouviu, mas não contestou. Se despediram e caminhando de volta à casa, Rômulo passou a monologar:

"Será que eu deveria ter falado assim com ele? É lamentável que ele ainda não demonstre firmeza na crença da existência de um ser superior. Como não sei se estou certo tentando influenciá-lo, melhor, talvez, seja deixá-lo agir sem a minha influência, pois se ainda não aprendi a viver, que direito eu tenho de tentar mudar a vida de alguém? Seria um cego tentando guiar o outro, conforme ensinamento de Jesus."

Àquela altura, embora estivesse ainda decidido a mudar o jeito de viver como desejava, Rômulo precisava, ainda, de tempo e muito esforço. Mas como fora motivado por Hilásio ao estudo do Evangelho, o que ele já vinha fazendo há alguns meses, uma nova esperança passara a confortar o íntimo. Entretanto, não mantinha a consciência tranquila, porquanto o sentimento de culpa não lhe deixava se esquecer de Amaro nem por instantes. Por isso mesmo, cinco meses depois de reinstalado na nova residência, por preferência bem próxima a de Amaro, num sábado à tarde, sem mais suportar os reclames da consciência, tomou uma decisão que há muito relutava, não somente por receio, mas sobretudo, por se sentir envergonhado. Assim foi que, Amaro estando em casa ouviu alguém chamando lá fora e pediu a Laura para ir atender. Ao chegar à porta e perceber de quem se tratava, ela pensou: "oh! Deus, obrigada por este momento que tanto pedi em oração".

– Você é Laura? – perguntou o visitante e tentou justificar a pergunta – faz muito tempo que não a vejo!

– Sim, senhor!

– Eu desejo muito conversar um pouco com você, principalmente para agradecê-la por ter influenciado os meus filhos para o bem. Mas isso, caso você queira me dar atenção, ficará para outra oportunidade, porque, agora, eu preciso muito falar com Amaro. Se ele se encontra, diga-lhe, por favor, que por misericórdia, me atenda! Mesmo que ele não deseje me ver, que faça um esforço em nome do bem e venha assim mesmo.

Depois de convidá-lo a entrar e se sentar, Laura retornou à sala de jantar onde estava Amaro que, ao vê-la com o olhar de espanto, perguntou:

– Qual é a causa do sobressalto tão visível em sua fisionomia, filha?

– Pai, não imagino qual será a sua reação ao saber quem está aí à sua procura!

– Uma visita inesperada ou inacreditável? Diz logo, filha!

– Seu Rômulo!

Amaro, então, perguntou assustado:

– Tem certeza de que é ele mesmo ou você está querendo testar a minha compreensão sobre o perdão?

– O teste se encontra na verdade que o senhor terá que enfrentar, agora, porque, embora eu relutasse para acreditar, é ele mesmo!

Amaro silenciou, fechou os olhos e, em seguida, exteriorizou o seu pensamento em forma de prece:

– Oh, Jesus, que eu aja ou reaja segundo os seus ensinamentos, pois, são eles, agora, o apoio que, há muito, eu já necessitava para entender a vida e a sua verdadeira finalidade! Que agora eu possa provar a mim mesmo que ao perdoar o companheiro que está a minha procura, isso seja um ato de amor.

Júlio, que estava na sala, ao saber quem era o visitante se expressou cheio de revolta:

– Se fosse eu, pai, seria enérgico, pondo-o fora da casa!

– Cale-se, meu filho! É melhor silenciar, do que se expressar pela voz da vingança!

– Quer que eu lhe acompanhe, pai? – interveio Laura.

– Não, filha! É possível que eu consiga me comportar, segundo os ensinamentos de Jesus.

Ao vê-lo se aproximando, embora com o coração pulsando descompassado, as mãos suando e as pernas trêmulas, Rômulo levantou-se rapidamente da cadeira rústica onde havia se sentado. Amaro, por sua vez, parou um pouco distante e os dois se entreolharam. Embora tenha se passado não mais do que um minuto, foi o suficiente para ambos voltarem às lembranças do passado: Amaro passava pela tentação de relembrar o quanto havia ajudado Rômulo e ter recebido dele, como recompensa, a traição. Entretanto, voltou fortemente o pensamento a Jesus, alinhou-o com o que já havia compreendido durante o estudo do Evangelho e acalmou o íntimo. Para Rômulo, entretanto, aquele minuto fora muito difícil, já que experimentava a dor moral de se sentir traidor e envergonhado ante Amaro a quem, antes, considerava seu benfeitor. Amaro, por sua vez, notando que o visitante tinha os olhos banhados em lágrimas, sentindo um incontrolável impulso de consolá-lo, abriu o coração para recebê-lo e, a exemplo do pai do filho pródigo, interrompeu o silêncio incomodativo:

– Rômulo!

– Sim, Amaro, sou eu mesmo!

Dito isso, Amaro se aproximou e, Rômulo, então, caiu de joelhos junto aos pés do seu antigo benfeitor e falou cortando a voz por causa da forte emoção:

– Se puder, perdoe-me, Amaro, pois tenho consciência que não deveria estar em sua casa, porque a minha presença pode ser considerada uma afronta!

Amaro, então, depois de estender as mãos, para ajudá-lo a se levantar, se expressou com bondade:

– Levante-se, Rômulo! Dobre os seus joelhos quando quiser ou puder se dirigir a Deus! Quem sou, para ver alguém ajoelhado aos meus pés? Se o perdão significa para você um passaporte para as alegres gargalhadas de outrora, sirva-se dele, pois eu já o perdoei há muito tempo! Agora, sente-se e sinta-se à vontade.

Rômulo tirou o lenço do bolso e, depois de enxugar as lágrimas que brotavam abundantemente, começou assim, a se expressar:

– Obrigado, Amaro, por receber e dar atenção a um traidor! Peço, inclusive, que faça agora, para o nosso bem – me refiro a mim mesmo, Danilo, Casimiro e Desidério, – o que deveria ter feito há muito tempo. Denuncie esse grupo a que pertenço, de desonestos e pérfidos traidores!

Amaro, preferindo mudar o rumo da conversa, fez a seguinte pergunta:

– Rômulo, quem ou o que lhe incentivou a tomar a decisão de vir aqui me procurar?

– Dentre outros, o arrependimento, a crença em Deus, depois de ouvir um amigo por nome Hilásio, mas sobretudo, o fato de meus filhos terem sido despertados para o bem pela sua filha Laura.

Depois de relatar, com detalhes, o afastamento dele e de Danilo das empresas, ele passou a falar sobre a origem dos desentendimentos:

– Tudo começou por causa de uma proposta que fiz...

Ele falou sobre a proposta que havia feito para devolução dos direitos de Amaro, do apoio que recebeu de Danilo, da reação de Desidério e Casimiro e concluiu:

– Pois é, Amaro! Além deles se manifestarem contrários, golpearam a mim e Danilo, conforme aconteceu com você.

Depois de rápida pausa, buscando reequilíbrio por causa da emoção que o fazia abafar a voz, ele voltou a se expressar:

– Agora compreendo com mais lucidez as explicações que me foram passadas por Hilásio, o amigo a quem me referi há pouco, sobre a lei de causa e efeito, mas sobretudo, a justiça divina, já que saímos da ilusão da riqueza para a pobreza, restou-me somente a casa, que já foi vendida, e depois de descobrir onde você estava morando, comprei outra bem simples na entrada dessa mesma rua.

Fez nova pausa e prosseguiu o diálogo:

– Voltando a sua pergunta sobre o motivo ou motivos que me trouxeram aqui, além dos que já me referi foi, também, pedir que faça a denúncia, pois já não aguento os reclames da consciência que parece estar bradando sem cessar: ladrão, traidor... Antes eu não sabia, mas agora eu descobri detalhadamente como tudo ocorreu e estou disposto a cooperar com a Justiça. Mas só o farei, se você formular a denúncia! Conte comigo, Amaro, para consertar de vez este grave erro! – insistiu.

– Quando tudo ocorreu, eu procurei a Justiça, mas a trama foi tão ardilosa, que até as autoridades competentes não encontraram provas que pudessem incriminá-los. Agora, entretanto, mesmo que houvesse provas ou testemunhas, não faria isso nem por vingança, que felizmente não a cultivo em meu coração e nem por dinheiro, já que fui levado a experimentar uma nova visão sobre a vida e, disso, não abro mão por qualquer interesse em bens materiais. Eu estou muito bem, Rômulo! Deixe-me, por favor, continuar vivendo assim como me encontro, pois, nada mais me interessa!

Parou de falar e depois de, aproximadamente, um minuto, voltou a se expressar:

– Rômulo, denunciá-lo talvez não seja o melhor a fazer para amenizar a sua consciência.

– Meu erro e também de Danilo foi, justamente, depois de sabermos os detalhes, nada fazermos para corrigir. Mas, felizmente, despertei, interrompendo o sono das ilusões, graças ao pouco que aprendi com Hilásio.

Fez uma pausa e, em seguida, reiterou:

– Eu sei, perfeitamente, como tudo aconteceu e não me negarei a narrar, detalhadamente, à Justiça. Mas só faria isso com o seu consentimento – insistiu.

– Condenação e prisão não amenizariam a sua consciência. Melhor mesmo é você assumir a responsabilidade do ato praticado e com bom ânimo tentar retificá-lo, servindo! Há sempre alguém no abatimento da tristeza, necessitando de ajuda para aliviar o íntimo e você, Rômulo, com a sua facilidade de comunicação e a alegria extravasada em estridentes gargalhadas, poderia sim, levantar o ânimo de muita gente que se entrega sem resistência à tristeza e ao desespero.

– Está bem, Amaro, eu aceito a sua sugestão com satisfação e afirmo que farei isso baseado nos exemplos da sua filha Laura, conforme estou informado. Mas voltando ao assunto do início da nossa conversa, já que você não concorda em fazer a denúncia e que eu não consegui contribuir como desejava para a devolução dos seus direitos, receba, por caridade, o único recurso que me resta, para amenizar a consciência – falou estendendo a mão na direção de Amaro, contendo um envelope e prosseguiu explicando – é o dinheiro da venda da minha casa. Tirei um terço dele, para pagar pela nova morada.

– Não, Rômulo! Você já me pagou com o desejo de me devolver os direitos sobre as empresas. A sua intenção foi mais valiosa do que qualquer soma em valores monetários. Em vez disso, procure refazer a sua vida atuando na profissão que tanto conhece. Ora, se não soubemos ser ricos, nos esforcemos para sermos bons pobres, já que a riqueza, como entendo agora, é uma séria prova! Ser pobre, da mesma forma, também é uma prova que, a depender de como é encarada, pode também exigir muita seriedade. Importante é que, no final, possamos experimentar a alegria do bom êxito.

Rômulo, já de pé para sair, depois de agradecer a Amaro pela bondade de tê-lo recebido fraternalmente, estendeu a mão para se despedir e Amaro, tocando-a com firmeza, exclamou em bom tom:

– Como antes!

Ouvindo isso, Rômulo foi tomado por forte emoção e sem controle, acabou exteriorizando-a numa forte gargalhada e disse em seguida, fixando o olhar no seu antigo benfeitor:

– Então, Amaro, como antes mesmo? Ao sair de casa para esse reencontro, eu não imaginava que receberia, hoje, o melhor e mais importante presente da minha vida.

– Sim, Rômulo, não disse que se dependesse do meu perdão você poderia voltar a gargalhar? A sua gargalhada trouxe-me de volta a satisfação que sinto em vê-lo bem.

CAPÍTULO 9

REAÇÃO INTEMPESTIVA

Onde escasseia a compreensão, a paz fenece.
Dizzi Akibah

A IDEIA DE parar de influenciar Danilo em relação à crença em Deus foi levada a sério por Rômulo, conforme havia decidido. Mas já tendo se passado cinco meses do último encontro, sem que Danilo o procurasse, considerando essa estranha atitude, conforme o seu entendimento, Rômulo foi procurá-lo. Todavia, lá chegando soubera que Danilo já não residia ali e que o imóvel havia sido vendido. Buscou informações no local, mas não conseguiu descobrir onde o companheiro estava residindo.

Tendo aceito a ideia de Rômulo de usar o dinheiro que havia depositado na conta dos filhos como socorro para aquele momento difícil, Danilo, confiante que a filha, Joseane, não teria agido conforme procederam os filhos de Rômulo que usaram o referido dinheiro para socorrer necessitados, preferiu antes cuidar da venda da casa. Feito isso, foi então, procurá-la:

– Filha, eu vim vê-la, induzido pela saudade que a sua ausência nos faz em casa e também por um outro motivo que considero de grande importância para o momento: talvez você já saiba da situação que começo a viver, já que todos vocês, filhos dos sócios ou ex-sócios das empresas, vêm se reunindo todo fim de semana...

– Sim, pai, tomei conhecimento do ocorrido logo que aconteceu e confesso que não me foi surpresa.

– Então, antes de mim, você já tinha conhecimento e nada me disse?

– Não! Deduzi que isso poderia acontecer, baseada numa lei divina denominada "causa e efeito", que, felizmente, ocorreu para o seu próprio bem!

– Como afirmar que foi para o meu próprio bem, Joseane, se acabei ficando sem nada? Vendi a casa, mas já que tinha um débito no banco que contraí para comprá-la, o que restou deu, apenas, para a compra de uma casinha simples na periferia, onde terei de residir, junto a vizinhos pobres e necessitados. Nunca pensei em chegar a essa situação!

Fez uma pausa nas lamentações, provavelmente com intuito de sensibilizar a filha e falou mudando o tom da voz:

– Por isso mesmo, filha, me desculpe, mas, infelizmente, eu vou precisar do dinheiro que venho depositando na sua conta bancária, pensando em seu futuro. Pretendo abrir lá mesmo onde estou residindo, uma pequena casa comercial, por enquanto para a sobrevivência, mas como conheço muito do ramo, isso pode ser apenas o começo para chegar onde desejo, que é voltar a morar num bairro elegante da cidade, tipo o que residíamos antes.

Enquanto ouvia o pai, Joseane permanecia em total silêncio sem nada lhe dizer. Estranhando essa atitude ele perguntou-lhe impaciente:

– Posso saber o que se passa com você, que de repente emudeceu?

– Pai, desde que passei a viver sozinha e tomando conta de mim mesma, a minha vida mudou, radicalmente: já não me apego às coisas materiais e tampouco ao desejo de ter muito! A sua referência sobre a união de todos nós, os jovens das famílias, é verdade, pois estamos vivendo num clima de paz e esperança e o pensamento que nos une é antagônico aos interesses em posses materiais, que tantas vezes, em vez de ser um bem, podem ser entendidas como correntes que prendem e escravizam, por causa do apego, do orgulho e da prepotência ao que muitos se deixam arrastar. O que de fato nos uniu, motivados pelos exemplos de Laura, filha de seu Amaro, foi o sentimento fraterno, porquanto passamos a ajudar as pessoas necessitadas e todos, de comum acordo, usamos para isso o dinheiro depositado pelos nossos pais, nas contas bancárias. Portanto, o dinheiro a que o senhor se refere, não há mais, pois transformei-o em alimento e remédio para pessoas necessitadas.

Danilo se levantou bruscamente da cadeira onde estava sentado e falou quase aos gritos:

– Você teve coragem de fazer isso?!

– Não apenas coragem, mas sobretudo, alegria íntima!

– Como pôde pegar tanto dinheiro, que custou suor derramado do seu pai, para servir a vagabundos que nada fazem?

– Não são vagabundos! São pobres sofredores e necessitados de ajuda.

– Você é uma filha ingrata!

– Não! Eu reconheço o seu cuidado de ter pensado em meu futuro, entretanto, o dinheiro em referência não serviria para mim e seria, em suas mãos uma maldição, por não ter origem honesta!

– Você está insinuando que eu sou desonesto? – falou, erguendo os punhos e, ao dar o primeiro passo na direção da filha, pressentindo que poderia ser agredida pelo próprio pai, Joseane deixou rapidamente a sala, entrou no quarto, trancou a porta e se jogou na cama em prantos, enquanto que, Danilo, ao se dar conta da gravidade do que teria feito, caso ela não se trancasse no quarto, encheu-se de remorso e tentou se justificar:

– Desculpe-me pelo desespero que me fez perder o equilíbrio! Estou perdido, sem rumo e sem esperança!

– Desculpá-lo, a essa altura da minha vida, é fácil, pois ainda me resta a esperança de vê-lo simples, menos apegado às coisas materiais, mas, sobretudo, convicto de que é filho de Deus e que, por isso mesmo, deve observar as suas leis! – falou cortando a voz, pois continuava em prantos, mas não abriu a porta do quarto, já que o momento era muito difícil para ela que aprendera amar o próximo, motivada por Laura, mas sobretudo, baseada no amor que tanto sentia pelo pai.

Percebendo que a filha não voltaria à sala onde ele se encontrava, Danilo saiu emocionalmente desequilibrado. Contudo, lembrou-se do que lhe dissera Joseane sobre as dificuldades enfrentadas por Amaro, o local onde ele foi forçado a residir com a família e, tomado por um forte remorso, disse para si mesmo:

"Eu preciso me livrar dessa situação e aliviar a minha mente, porque do contrário posso perder a lucidez. Ora, quem está perdido não escolhe caminho!"

Entrou no carro e saiu disposto a ajudar a si mesmo.

* * *

AMARO SE ENCONTRAVA em casa, já que se tratava de um domingo, preparando algumas cestas de alimento para ainda naquele dia, entregá-las às pessoas necessitadas, quando Laura se aproximou, já falando:

– Eu estava lá fora e me surpreendi ao ver determinada pessoa caminhando e olhando para os lados, como se estivesse procurando um endereço.

– Será mais uma visita inesperada?

– Primeiro vou ver se está vindo para cá, o que acho provável. Aí, então, respondo a sua pergunta.

Instantes depois ela retornou falando:

– Agora eu já posso responder: é sim, uma visita inesperada, porque se trata de seu Danilo!

– Danilo?!

– Sim. Ele mesmo! Vai atendê-lo?

– Acho que ainda estou sendo colocado em desafio, para provar a minha capacidade de perdoar.

– Isso mesmo! Não se esqueça de nenhum detalhe sobre o perdão!

– Não vou esquecer, Laura, porque o perdão foi o início do novo caminho que comecei a trilhar.

Falou e dirigiu-se à sala, onde o visitante se encontrava. Ao vê-lo cabisbaixo e de semblante abatido, parou a certa distância e, Danilo, por sua vez, vendo-o levantou-se. Amaro, então, disse-lhe:

– Sente-se, Danilo!

Depois de sentado, Danilo começou a falar, com o olhar direto ao chão, sem coragem de encarar o seu benfeitor, que tanto fizera por ele.

– Amaro, não sei o que posso ou o que devo lhe dizer, porque você já sabe por indução da sua sensibilidade o que me trouxe aqui. Entretanto, por causa da vergonha que sinto ante você e do remorso que me tortura, não estou em condições de olhar para você.

Fez uma pausa e, em seguida, na mesma posição, com olhar para o chão, onde estavam os seus pés, ele voltou a falar:

– Não mereço, sequer, lhe pedir perdão, pois me colocando em seu lugar, tenho certeza que não lhe perdoaria. Por isso mesmo, que direito tenho de pedir o que não sou capaz de dar?

– Danilo, não precisa você pedir, porque eu já tirei do meu íntimo os monstros do ódio, da decepção e do ressentimento. Quanto a isso, você pode ficar tranquilo.

Amaro fez uma pausa. Como ainda estava de pé, pegou uma cadeira, pôs em frente ao visitante, que continuava demonstrando forte abatimento e voltou a falar:

– Repito, agora, para você, o que disse a Rômulo quando esteve aqui, há alguns meses: se não soubemos ser ricos, aprendamos, agora, a ser bons pobres, mais honestos e honrados. O reinício é sempre um pouco difícil, mas, perseverando, muda-se sempre e sempre para melhor! Agora, Danilo, levante a cabeça e olhe para mim! Eu sou Amaro! Vamos enfrentar o problema de cabeça erguida e fé em Deus!

Danilo levantou a cabeça, dirigiu o olhar para Amaro e se entregou, sem resistência ao pranto.

– Chore, meu amigo! Assim como o córrego leva as impurezas deixando o seu rastro de limpeza por onde passa, deixe que a lágrima limpe as sujidades que, por desventura, tenha dado lugar no seu coração.

Depois de minutos de silêncio, Danilo pegou um lenço, enxugou o rosto e voltou a falar:

– Quero deixá-lo ciente de que o arrependimento não me surgiu agora, foi bem antes, quando passei a experimentar o mesmo que lhe fiz. Se Rômulo não lhe falou, fique sabendo que o motivo dos desentendimentos com Desidério e Casimiro foi justamente por causa da ideia de devolver a você os seus direitos. Mas apesar dessa intenção, sinto dentro de mim uma dor que não pode ser aliviada com remédio que se compra na farmácia, pois essa dor é a de me sentir traidor e ingrato.

Fez nova pausa enquanto media as palavras, antes de pronunciá-las e prosseguiu se expressando:

– Planejei acatar uma sugestão de Rômulo, numa conversa particular que tivemos, de vender a casa e passar para você o que sobrasse da compra de outra bem simples fora do centro da cidade. Entretanto...

Depois de falar sobre o pagamento de um empréstimo no banco e afirmar que o dinheiro que sobrara da venda da casa só havia dado para a compra de uma bem simples na periferia, tentou se justificar:

– O meu desejo era passar às suas mãos qualquer quantia. Mas, infelizmente, nem isso posso fazer para aliviar a minha consciência.

– Danilo, fé e confiança em Deus!

– Isso é outro problema que ainda não consegui resolver por falta de capacidade de compreender e aceitar como verdade a existência de Deus, como Rômulo, que além de demonstrar esta certeza, vem, há muito tempo, adotando um novo modo de viver. Diz ele que foi Hilásio, um amigo a quem muito preza, que o ajudou a chegar à compreensão.

– Conheço Hilásio. É uma pessoa íntegra, bondosa e caridosa, como pouco se vê.

– Eu gostaria, muito, de falar com ele, apesar de tê-lo tratado com desdém quando Rômulo fez questão de me apresentá-lo.

– Procure-o sem receio, pois vejo-o como uma pessoa rara em relação ao comportamento moral, pois nas suas ações e, sobretudo no seu modo de agir e reagir, ele põe sempre o amor à frente das suas decisões.

Dito isso, Amaro silenciou e Danilo imaginando que o diálogo havia terminado, levantou-se, pôs a cadeira onde antes se encontrava e voltando-se para Amaro, perguntou:

– Posso confiar que você não está magoado comigo?

– Ora, Danilo! Se eu guardasse mágoa, ódio, rancor... Estaria faltando amor a mim mesmo, porquanto, o primeiro a ser prejudicado pelos malefícios das más intenções é quem põem-nas em prática! Quem ainda não aprendeu a amar a si mesmo, como amar o próximo e a Deus sobre todas as coisas? Fique tranquilo e, como diz o povo, não chore o leite derramado, pois quando já não há meios de recuperar o que foi perdido, como também voltar no tempo, procura-se a renovação. Se encontrar dificuldade, busque Deus, pois a sua manifestação divina encontra-se em nós e em tudo em nossa volta.

– Sendo isso o que realmente está me faltando, vou procurá--Lo dentro e fora de mim. Espero encontrá-Lo.

– Não se entregue à tristeza por ter ficado pobre de novo. Em vez disso, procure amar os mais necessitados através da atenção, de um aperto de mão e não lhes negue um sorriso ou uma palavra de esperança. Experimente isso! O resultado lhe conduzirá ao despertar do bem, que vale muito mais do que qualquer riqueza material.

Danilo estendeu a mão e Amaro segurou-a falando:

– Irmãos, filhos do mesmo pai, Deus, que espera por nós, no tempo e pela misericórdia, além do tempo.

Danilo saiu da casa de Amaro sentindo-se mais leve, como se houvesse se livrado de uma carga pesada.

CAPÍTULO 10

SITUAÇÃO PREOCUPANTE

A ganância é força motriz da traição.
Dizzi Akibah

VEM DO PRETÉRITO o interesse dos personagens da presente história de estabelecer, entre eles mesmos, a pacificação. Em existências passadas eles estiveram sempre próximos, mas nem sempre unidos, apesar de constantes tentativas. Por isso mesmo, ainda que os conflitos gerassem desentendimentos, por sérios que fossem, eles acabavam se reaproximando, motivados, muitas vezes pelo arrependimento, tantas outras pelo remorso e, na maioria, conduzidos pelo sofrimento moral, o que vem ocorrendo na presente existência.

Assim foi que, depois do reencontro com Amaro, buscando a reconciliação, Danilo passara a residir próximo a Rômulo, no mesmo local onde também Amaro já residia. Poderiam ser vistos como pessoas desventuradas, por causa da simplicidade do local. Entretanto, era mais uma oportunidade de pacificação, em condições promissoras, pois àquela altura, Amaro, por exemplo, já não identificava no seu modo de viver e encarar a vida os mesmos hábitos e costumes de quando acreditava ser um homem rico. Não que a riqueza material seja por si mesma um mal, porque se assim fosse, todos aqueles que buscam o desenvolvimento visando o progresso, que é uma lei divina e imutável, estariam fadados ao fracasso moral. Isso pode sim, acontecer, se o possuidor de riqueza desviar a real finalidade do que lhe foi confiado, não na condição de proprietário, mas sobretudo, de depositário dos bens que, originalmente, pertencem ao Supremo Criador.

Danilo, que antes, além de não acreditar na existência de Deus, contestava-a, depois das longas conversas mantidas entre ele e Rômulo e, ante impacto da mudança repentina de uma boa condição financeira para viver na pobreza, sentiu necessidade de apoio íntimo e acabou, não apenas acreditando na existência de Deus, mas compreendendo que se o modo de viver até ali não havia dado certo, era preciso criar disposições para encontrar um novo caminho.

Rômulo, por sua vez, não poupava esforço para pôr em prática os novos conhecimentos extraídos do Evangelho. Mas não poderia ser, àquela altura, diferente, pois os exemplos dos filhos, que prosseguiam com demonstrações de desapego, socorrendo os mais necessitados com dedicação e alegria, acabaram lhe contagiando. O mesmo ainda não acontecia com Casimiro e Desidério, que prosseguiam numa situação antagônica, sem qualquer princípio que os libertasse, afundando, cada vez mais, no abismo moral de quem, imprevidentemente, se torna frio pela ganância, intolerável pela prepotência e antipatizado pela arrogância. Mas como os caminhos traçados pelo mal conduzem o infrator à inevitável queda, alguns anos depois que eles se apropriaram dos bens materiais que não lhes pertenciam, a ilusão chega ao fim.

* * *

NUM SÁBADO PELA manhã, Laura se encontrava em casa conversando com os pais, quando ouviu alguém chamar lá fora:

– Já sei quem é! – falou saindo para abrir a porta para a amiga que tanto prezava, a quem recebeu com demonstrações de contentamento:

– Oh, Joseane, a sua presença é sempre uma alegria para mim!

– Também para mim, Laura! Chego a pensar que não terei nessa existência outra amiga que se assemelhe a você.

Fez uma pausa, mudou repentinamente a fisionomia e disse, mudando também o tom da voz:

– Lamento ser a portadora de uma notícia bastante desagradável!

– Oh, Joseane, de que se trata?

– Chame, por favor, seu Amaro, dona Zilda e Júlio. Diga-lhes que, por favor, venham até aqui!

Momentos depois a família se reunia na sala de visita. Amaro, logo depois de pegar uma cadeira e se sentar bem junto a Joseane, olhou fixamente para ela e perguntou:

– Sou todo ouvidos, porque percebo em seu semblante, que você é portadora de algo sério. Estou certo?

– Sim. O senhor está certo, porque dada a importância do fato, imagino que vocês não vão facilmente acreditar que Casimiro e Desidério foram denunciados à Justiça...

– Foram presos? – perguntou Amaro aflito, pois apesar de tudo que havia ocorrido, não desejava vê-los em situação tão deprimente.

– Não! Soube que fugiram levando todo dinheiro que a empresa dispunha no momento. Soube também que, antes disso, eles venderam a loja de artigos de plástico, mas que a Justiça já determinou a prisão dos dois, depois de fazer cumprir um mandado de busca e apreensão de toda documentação no escritório central e no setor de contabilidade.

Depois de breve pausa, ela voltou a falar:

– Venho, desde que tomei conhecimento do fato, me empenhando para adquirir informações mais precisas, mas a Justiça só presta informações sem reservas a um advogado contratado para defender os interesses de seu Amaro, o que deve ocorrer o mais rápido possível! Tenho quase certeza de que, depois disso, o senhor reassumirá a direção do que lhe pertence de fato e de direito.

– Joseane, eu vou repetir pela terceira vez, com outras palavras, o que já disse a Rômulo e Danilo, seu pai: se eu não soube ser rico, se a nova experiência que experimento, atualmente, me ensina a ser pobre, mas sensível à dor alheia, o que me humaniza e desperta-me cada vez mais o amor a Deus sobre todas as coisas e ao próximo como a mim mesmo, conforme indicação de Jesus, pergunto, que situação fora de ações provindas do amor, poderia me interessar? Por esta razão, desejo muito que não aconteça!

– Dá licença? – perguntou Júlio

– Sim, pode falar, filho!

– Pai, o senhor está cometendo um equívoco, talvez pensando na sua própria situação. Não creio que haja esquecido que tem dois filhos, eu e Laura. Aliás, também a minha mãe, herdeira direta, se o senhor morrer antes dela! Como jogar fora tantos anos de trabalho e suor derramado, simplesmente por medo de perder as novas experiências que vem adquirindo? Acho que dá sim, para conciliar, sem se deixar afetar pelo que não mais lhe agrada! Em seu lugar, eu contrataria um advogado e logo que fosse tudo resolvido, reassumiria e a minha primeira medida seria sair dessa periferia e afastar de mim os traidores. Mas em vez disso o senhor está aí cheio de compaixão!

Depois do argumento, num tom crítico, ele fez uma breve pausa e concluiu:

– Peço desculpas pelo meu jeito de expressar, pois entendo que a decisão será sua... Como sempre tem sido.

Júlio terminou de falar, pediu licença e se retirou da sala causando com a sua atitude uma situação incômoda, mas Zilda que tentava sempre justificar as atitudes do filho, tratou de amenizar:

– Júlio pode ter sido desagradável no jeito de se expressar, mas eu acho que ele não está errado. E você, Laura, que nos diz?

– Eu prefiro, por enquanto, não intervir neste assunto. A minha opção, neste momento, é deixar o pai à vontade para decidir.

Joseane ficou admirada com a atitude de Amaro e mesmo sabendo se tratar de um assunto que seria resolvido em família, quis dar a sua opinião na condição de simples colaboradora em relação àquela situação:

– Admirável o sentido da sua expressão, seu Amaro! Entretanto, particularmente, eu não creio que haja esse perigo de voltar a se comportar como antes, porque quando as comportas do coração são abertas e começa a jorrar amor em todas as direções, o bem passa a ser o ponto de convergência para os mais nobres interesses. Há algo que lhe fará mudar o seu pensamento, numa simples pergunta que lhe faço agora: o senhor está se sentindo bem, empenhado com o sentimento de caridade para com os mais necessitados, a quem vem servindo dentro das possibilidades! Mas, então, como ficam as dezenas de famílias, cujos pais são funcionários das empresas?

Amaro arregalou os olhos e depois de fixar o olhar em Joseane, disse:

– Dizem que Deus ajuda o homem pelo próprio homem e nos fala pela consciência. Todavia, agora percebo que Ele parece se comunicar também pela voz daqueles, cujos corações já se encontram livres das sujidades das ilusões. Penso que sua fala, Joseane, é um importante alerta que acaba de chegar através de um canal, que embora faça parte da sua vida, você ainda não percebe.

Joseane ficou sem jeito. Entretanto, era verdade, pois àquela altura, ela vinha despertando a mediunidade, programada antes do seu renascimento, como tarefa redentora. Tanto que, as tentativas, felizmente frustradas, de suicídio, conforme ela havia confessado a Laura, não eram causadas somente pelo desgosto a que se deixara conduzir depois de ter tomado conhecimento do golpe desfechado contra Amaro, com a conivência do seu pai, mas também por espíritos maldosos que, aproveitando o ensejo do seu desequilíbrio emocional, valiam-se da mediunidade sem a devida educação para incentivá-la à prática de um dos piores crimes perante as leis divinas. Entretanto, ali, naquele momento, já possuidora de novos conhecimentos extraídos do Evangelho, espíritos bem-intencionados acercavam-se dela, não somente para protegê-la, mas, sobretudo, incentivá-la à prática do bem.

O diálogo prosseguiu com a resposta de Amaro, depois de rápida reflexão:

– Sim, Joseane, é uma situação que não encontro fuga! Mas neste momento a minha maior aflição é quase a certeza de que eles vão ser presos.

– Presos eles serão de qualquer jeito, pois não ficarão escondidos o tempo todo. Mas há outra situação também preocupante: embora Rômulo e o meu pai, Danilo, demonstrem, atualmente, tendência para mudarem radicalmente o modo de viver, infelizmente estão também envolvidos e poderão responder por terem sido coniventes, já que mesmo depois de tomarem conhecimento da pérfida traição, permaneceram durante alguns anos desfrutando dos resultados vantajosos do golpe.

Joseane fez uma pausa e perguntou a seguir:

– Eles eram sócios proprietários?

– Tinham toda característica de sócios, pois, assinavam cheques, faziam retiradas, efetuavam pagamentos... Mas, de direito perante a Justiça, não, porque tinham, apenas, a minha palavra empenhada.

Desde que Júlio saiu da sala, o diálogo estava ocorrendo entre Joseane e Amaro, mas aproveitando uma pausa dos dois, embora haja afirmado que preferiria deixar Amaro livre para resolver a questão, Laura resolveu apartear:

– Pai, entendo que pela sua seriedade em respeito às próprias decisões não negará a eles o direito que lhes fora dado como sócios, até o momento em que, infelizmente, cometeram o grave erro. E em relação a voltar ou não a reassumir o que lhe pertence, além dos familiares dos empregados, como se referiu Joseane, precisamos considerar, também, a situação de vida de todos que, há muito tempo tentamos, sem as devidas condições, ajudar.

Reabrindo as empresas, a situação será outra e isso facilitará a nossa obra social. Além de podermos ajudá-los de verdade, suprindo as suas necessidades até conseguirem uma atividade, poderíamos também melhorar as condições de vida dos moradores desse lugar...

Laura prosseguiu falando dos benefícios que poderiam ser postos em prática diretamente para os moradores, como também, para o lugar onde residiam.

- Este é um pensamento, filha, que me agrada. Entretanto, como o futuro a Deus pertence, como muitos afirmam, vamos dar tempo ao tempo, pois neste momento, nem um projeto progrediria em minha mente, por causa da possibilidade de Rômulo e Danilo serem condenados e presos. Dói-me profundamente! Eu os perdoei de coração, mas entendo que isso, além de não os isentar perante a justiça divina, a dos homens não perdoa!

- É verdade que se trata de uma situação preocupante. Penso que o melhor a fazer é aguardar com paciência para não atrapalhar as nossas atividades, excepcionalmente o estudo do Evangelho.

Júlio, que havia saído da sala, mas ficou encostado numa parede do corredor da casa, escutando a conversa, retornou:

- Vocês falam, falam do estudo do Evangelho, mas ninguém ainda se deu conta de que um dos componentes do grupo de estudo traiu o pai, denunciando-o impiedosamente! Bem que eu gostaria de saber quem foi para perguntar: você não se demonstra empenhado no estudo do Evangelho, fazendo doações, tentando consolar? Para onde, então, foram os conhecimentos?

Ele silenciou por instantes, mas antes que lhe tomassem a palavra, voltou a falar:

- Será que essa aprendizagem vale a pena? Acho que se valesse, ninguém teria coragem de trair o próprio pai e ficar calado, fingindo que nada está acontecendo! E o pai traído pelo próprio filho será capaz de perdoá-lo, caso esteja também estudando o Evangelho ou venha a fazer isso algum dia?

– Júlio – aparteou Joseane – se você tivesse continuado participando do estudo, certamente o seu pensamento sobre isso seria bem diferente, porque já saberia que não se consegue mudar, rapidamente, um hábito, às vezes cultivado durante muitas existências. Estudar o Evangelho é se conscientizar dos deveres perante as leis divinas. Pôr em prática o que aprendemos na teoria é uma necessidade, todavia, mesmo contando com vontade e persistência, requer tempo! Por exemplo, se nós já tivéssemos posto em prática a lição de Jesus a respeito do julgamento, conforme as suas palavras: *não julgueis para não serdes julgados,* certamente já não pensaríamos nos enganos e erros alheios. E quanto à denúncia feita contra o próprio pai, conforme você se referiu, é possível que não tenha sido movida por qualquer predisposição de traí-lo, mas, sim, para evitar que ele, o pai, continuasse alimentando a ganância e a valorização exagerada do dinheiro. Por isso mesmo, é bom, conforme ensino de Jesus, que não julguemos...

– Ora, Joseane, – interrompeu-a bruscamente, – você que é advogada, bem sabe que o juiz julga! Imagine se não houvesse juiz para julgar! Então esse argumento, seja do Evangelho ou de quem quer que seja, não condiz com a realidade que vivemos.

– Há um equívoco na sua fala, por que o juiz julga o ato, não a pessoa, conforme Jesus recomendou que não o fizéssemos.

Apesar de se demonstrar polêmico, sem encontrar qualquer outro argumento contraditório Júlio se retirou da sala, visivelmente contrariado.

Como os assuntos a serem tratados já haviam se esgotado, todos silenciaram e Joseane levantou-se intencionada a sair, mas Laura pediu:

– Fica só mais um pouquinho, Joseane. Eu gostaria de fazer uma prece pedindo pelos nossos irmãos equivocados que, certamente, terão pela frente duras lições.

Depois de fechar as janelas da casa, Laura fez uma sentida rogativa a Jesus, pedindo pelos ex-sócios do pai. Um exemplo digno de ser seguido, pois Laura havia sofrido muito desde que o pai fora traído pelos amigos que tanto prezava, mas soube transformar, com base nos ensinamentos de Jesus, a revolta em perdão, o reboliço íntimo em paz e a lágrima em amor.

Depois da bela prece, Joseane se despediu dizendo:

– De uma ou de outra forma, no final, tudo ficará bem. Fé e esperança!

CAPÍTULO 11

DIGERINDO AFLIÇÕES

Quando os pensamentos são bons, as palavras soam agradavelmente.
Dizzi Akibah

JÁ HAVIAM SE passado dois meses da última conversa, sobre a possibilidade de Amaro retornar a assumir a direção dos seus negócios, e, apesar das razões citadas pelos familiares e também Joseane, Amaro se deixara conduzir pela dúvida, porquanto, ainda se sentia receoso de voltar a lidar com dinheiro muito além das suas necessidades; com o poder de mando como era antes e com o perigo de retornar aos velhos costumes da insensibilidade à dor alheia. Havia descoberto durante o tempo que experimentara a situação difícil da pobreza material, o sentido real da vida e combatido em si mesmo, o apego aos bens materiais. Considerando o esforço empreendido para a conquista, em si mesmo, das novas aquisições, temia perdê-las. Juntando isso à possibilidade dos amigos e ex-sócios serem condenados e presos a qualquer momento, enchia-se de aflição, pois, apesar de ter sido duramente traído e lesado por eles, àquela altura, já havia perdoado-os de tal maneira, que ainda mantinha o sentimento de amizade cultivado, há bastante tempo, naquela mesma existência, sem falar de tantas outras anteriores. Estes receios levavam-no, às vezes, a desejar que a polícia não encontrasse Desidério e Casimiro, apesar de já ter conhecimento que eles haviam levado todo dinheiro disponível, no momento da fuga. Mas como nem tudo acontece da maneira que se deseja, mas do jeito que deve ser, ele foi surpreendido com uma notícia, justamente de acordo aos seus receios:

– Seu Amaro, – falou Joseane logo ao chegar – Casimiro e Desidério foram encontrados num sítio de um amigo, onde haviam se escondido. A polícia deteve-os e recolheu todo dinheiro que se encontrava com eles. Inclusive da venda da loja de artigos de plásticos. Além disso – prosseguiu Joseane explicando – a Justiça emitiu ordem de interdição das empresas enquanto durar a apuração. Creio que o senhor será chamado para esclarecimentos sobre a suposta doação, conforme Desidério e Casimiro alegaram que teria sido feita, por sua própria decisão. Isso porque, há um documento, cuja assinatura está sendo considerada legítima. O senhor se lembra de ter assinado qualquer documento nesse sentido?

– De forma alguma eu faria isso! Chega a ser um contrassenso! Por qual razão eu doaria a eles todos os bens que adquiri ao longo do tempo, em detrimento da minha família?

Amaro fez uma pausa enquanto respirava profundamente e, em seguida, comentou:

– No momento em que fui por eles expulso, ameacei-os com a possibilidade de levá-los à Justiça, mas eles riram com desdém, afirmando que eu poderia ir, mas que havia um documento assinado por mim e, por isso, eu iria perder tempo.

– O senhor deve estar decepcionado. Mas, tudo indica que eles não se encontravam nas devidas condições de corresponder à confiança neles depositada. Posso deduzir que o senhor não mantinha o cuidado visto como normal por qualquer dirigente, seja de empresa, órgão público...

– A porta da minha sala ficava sempre aberta, com ou sem a minha presença. E, além disso, eu tinha um hábito que, hoje, já posso compreender que não era bom! Assinava papéis antes de pô-los na máquina datilográfica, para preencher... Um documento, por exemplo.

– Baseada no que o senhor acabou de dizer, eu acho que isso é uma situação complicada, mas não impossível de se obter um bom resultado, porque há um caminho. E se a direção dele convergir ao ponto que eu espero que chegue, tudo vai ficar bem! Diante dessa previsão, é bom que o senhor comece já a se conscientizar de que novas circunstâncias acabarão lhe obrigando a retomar a direção do que lhe pertence de fato e de direito.

Depois de instantes de silêncio, Amaro exclamou em tom de lamento:

– Ante tais circunstâncias, não há outro caminho! Mas resta-me ainda a preocupação com a situação de Danilo, seu pai, e Rômulo!

– O senhor não guarda mágoa deles?

– Durante algum tempo, sim! Mas eu me livrei disso, desde quando eu fui influenciado por Laura a estudar as lições sábias e luminosas de Jesus, dentre elas, o perdão. Não apenas retirei do meu coração o amargor da mágoa, mas penso que os perdoei conforme os esclarecimentos e os exemplos do nosso Divino Mestre Jesus.

– Eles estão muito aflitos! Pai está sempre calado e demonstrando no semblante muita tristeza. Seu Rômulo, apesar de não ter perdido o hábito de sorrir, até o último dia em que o vi, pude notar sinais de aflição na sua fisionomia. Mas, apesar disso, eles poderão recolher da lição proporcionada pelos efeitos dos enganos a compreensão do real sentido da vida.

O diálogo terminou, coincidentemente, com a presença de Rômulo, que acabava de chegar, certamente para uma visita a Amaro, o que vinha fazendo desde o reencontro, quando aconteceu a reconciliação. Todavia, a despeito da referência de Joseane, naquele momento ele se demonstrava, aparentemente, alegre.

– Interrompo vocês? – perguntou ao chegar.

– De forma alguma! – exclamou Joseane, explicando que o assunto que tratava com Amaro, já estava concluído e que, inclusive, ela já se encontrava de pé para sair, mas Rômulo se dirigiu a ela puxando conversa:

– Eu vinha pensando, enquanto caminhava, como descobrir quem foi o autor da denúncia! Acha possível, Joseane, um filho fazer isso contra o próprio pai?

– Sim, seu Rômulo, a depender da coragem e da intenção! O meu pensamento leva-me à compreensão de que, quem adotou essa atitude, provavelmente não o fez por maldade, mas para dar um basta à caminhada desenfreada do pai para o precipício moral – repetiu o que havia dito outrora a Júlio e prosseguiu explicando – a natureza da intenção, aparentemente amarga, poderá ser entendida no final como valiosa lição de vida.

Joseane se despediu e tão logo ela saiu, depois de já acomodado numa velha cadeira, que balançava e rangia parecendo que a qualquer movimento desabaria, Rômulo, cuidadoso com o trato ante Amaro, perguntou:

– A minha presença lhe incomoda?

– Oh, Rômulo, de jeito nenhum! Fique certo que, em vez disso, me agrada!

– Fico então à vontade, pois de você eu nunca espero algo desagradável. Por isso mesmo, eu senti vontade de vir lhe ver, porque ao seu lado eu me sinto muito bem!

– Percebo que você está muito preocupado com as últimas notícias referentes a Desidério e Casimiro. Estou certo?

Amaro fez a pergunta baseado na informação de Joseane, sem se lembrar que ela havia se referido à última vez que havia visto Rômulo, entretanto, nos últimos dias ele vinha cultivando uma nova compreensão sobre a responsabilidade das próprias ações e provou isso com a resposta à pergunta de Amaro:

– Por incrível que pareça, Amaro, eu substituí a preocupação pela compreensão de que, quem contrai um débito deve assumir a responsabilidade de saldá-lo. Se não fosse este novo entendimento, seguramente, de tão aflito, sequer eu conseguiria dormir. No meu caso, se eu for preso, o que pode acontecer, a minha única preocupação será a minha família, no que diz respeito à sobrevivência, mesmo sabendo que Gabriel e Gabriela estão empregados e podem sustentar a família. Mas isso os levará a atrasar os seus planos e projetos, já que são muito jovens e na faixa etária que eles se encontram, é normal que o jovem pense em seu futuro.

– Gostaria muito, Rômulo, de dispor de condições para contratar um advogado para defendê-lo, juntamente com Danilo. Conversei sobre isso com Joseane, mas ela não pode, porque trabalha num escritório de advocacia e tudo que faz é sob orientação do seu empregador.

Ouvindo isso, apesar de ter Amaro como uma pessoa bondosa, comentou:

– Oh, Amaro, então o seu perdão foi mesmo real! Ora, mas como pode você se esquecer de todo mal que lhe fiz, assim com toda essa sua simplicidade e bondade, se estou certo de que não mereço?

– Somos irmãos, porquanto pertencemos a grande família de Deus em todo o universo habitado e Jesus não impôs, mas pediu simplesmente, que amássemos uns aos outros, como ele havia nos amado... E continua, ainda, nos amando.

Rômulo ficou de pé, falando cheio de emoção:

– Amaro, deixe-me fazer o que senti muita vontade quando aqui estive para lhe pedir perdão, mas não tive coragem de ser o primeiro a levar a efeito esse gesto tão significativo, para a harmonia dos corações. Antes, porém, pergunto: você receberia o abraço de um traidor que ajudou a arruinar a sua vida financeira?

– Ora, Rômulo, deixe disso e esqueça! – exclamou, já de pé e com os braços abertos.

Depois do abraço, Rômulo perguntou:

– Como antes?

Ao que Amaro respondeu:

– Melhor que antes!

– Então fico à vontade para lhe fazer um pedido: se eu for preso, me faça uma visita.

– Farei sim, caso isso lhe ocorra.

Quando Rômulo ia saindo, chegava Danilo, mas diversamente de Rômulo, ele não conseguia ocultar os sinais de aflição estampados na fisionomia:

– Eu já estou de saída, conforme você pode notar. Depois eu lhe procuro, Danilo, pois preciso ter uma conversa com você – disse Rômulo já deixando o local.

Amaro pegou uma cadeira e, gentilmente, ofereceu a Danilo. Depois de sentado, o visitante perguntou-lhe:

– A minha presença lhe incomoda, Amaro?

Embora a pergunta, Danilo sabia que poderia se sentir à vontade, pois tinha conhecimento, há bastante tempo, de que Amaro sempre fora uma pessoa muito gentil e afável. Entretanto, deixando-se conduzir pela amargura, se demonstrava receoso, já que ali se encontrava tão somente para um desabafo e nem sempre as pessoas usam a tolerância em nome da caridade moral.

– Ora, Danilo, nem precisa perguntar! Será que a não convivência durante os últimos anos lhe fez esquecer de mim?

– Não! Mesmo que eu tentasse, não conseguiria, porque a consciência me chamaria, como acabou chamando, aos brios. É por que eu vim lhe procurar num momento em que em mim há, somente aflição, por causa da possibilidade de ser condenado e preso a qualquer hora, o que me atormenta, apesar da ajuda que tenho recebido de Joseane, falando-me sempre das leis de Deus, destacando dentre elas, a de "causa e efeito".

Fez uma pausa e, ao perceber que Amaro estava receptivo, prosseguiu com o seu desabafo:

– O problema, Amaro, é que não consigo aceitar a possibilidade de ser forçado a viver, nem imagino quanto tempo, num ambiente de tristeza e revolta, como é um presídio. Tremo de medo só em pensar e esse pensamento tem sido um tormento para mim, pois não tenho dormido e quando consigo esconder de Elba, deixo as lágrimas rolarem rosto abaixo. Nunca imaginei que viveria tamanha infelicidade, principalmente pela vergonha que sinto de mim mesmo - concluiu pegando um lenço para enxugar as lágrimas.

- Danilo, você já teve dificuldade de quitar um débito?

- Antes de trabalhar com você, passei muito por isso.

- Como se sentiu depois de tê-lo quitado?

- Ah! Depois? Como se houvesse retirado um peso dos ombros.

- O débito que me refiro, diz respeito a compromissos que assumimos, com pessoas físicas ou jurídicas, que tenham confiado em nossa honestidade. São compromissos habituais de atividades ligadas à manutenção da vida material, que resolvemos com dinheiro. Entretanto, bem mais sérios do que isso, são os compromissos morais que inadvertidamente, assumimos. Nesse caso, a quitação não se dá pelo dinheiro, mas empreendendo esforço, paciência e coragem para vencer a si mesmo, consciente de que é preciso selecionar, cuidadosamente, as sementes na hora do plantio.

Depois de uma pausa propícia ao bom entendimento, ele prosseguiu:

- Portanto, em vez de se entregar ao desespero, pense no alívio da quitação do débito, pois no presente caso, por se tratar de uma luta contra um inimigo interior, a vitória poderá ser celebrada com muito mais alegria, por tê-lo vencido.

Danilo ouviu atentamente, mas, não se dando por satisfeito perguntou:

- E a vergonha, Amaro, de ser preso como um criminoso?

- Deve ser aproveitada como lição de vida.

- Amaro, você não parece o mesmo de antes ou eu não lhe conhecia?

- Por quê, Danilo?

- A nossa conversa... lembra-se? Era sobre dinheiro, compras, ter mais e mais... Agora, no entanto, vejo em minha frente, outro Amaro!

- Quando temos o dinheiro como principal interesse da vida, é lógico que falemos nele. Ora, Danilo, quando fiquei sem ele, adotei para a minha vida valores semelhantes aos que os ladrões não roubam e nem a ferrugem destrói, conforme ensinamento de Jesus.

Danilo silenciou, enquanto tentava compreender como alguém consegue mudar, radicalmente, o modo de viver, a ponto de parecer outro e, na tentativa de se convencer dessa possibilidade, preferiu continuar o diálogo do início da conversa com a pergunta a seguir:

– Agora que o seu entendimento sobre a vida é outro, acha, por exemplo, que é fácil experimentar o que está prestes a acontecer comigo?

– Faço-lhe também uma pergunta: na sua experiência de comerciante, deve saber o porquê da variedade de preços estabelecidos para cada mercadoria sendo que, umas são caras enquanto outras são baratas. O que nos leva a fazer essa distinção?

– A qualidade do artigo!

– Disse bem! O pagamento está sempre de acordo a importância do que se paga. Assim, também, são nossos compromissos para com a Divina lei e quem cuida disso é a justiça divina. Essa verdade nos faz compreender que os ajustes morais não são fáceis para ninguém, mas exigem muito mais esforço de quem ainda não buscou, sob a luz do Evangelho, uma compreensão melhor a respeito do sentido da vida. Assim sendo, já que todos nós somos ainda suscetíveis ao erro, busquemos, então, nos ensinamentos de Jesus a conscientização de como devemos agir, para que não caiamos nos precipícios morais, já que ninguém foge da justiça divina!

– Mas, Amaro, como, então, muitos que praticam crimes, conseguem ocultá-lo da justiça e continuam desfrutando da liberdade até morrer? Onde fica, então, a perfeição da justiça divina?

– A responsabilidade do crime e também a de ter burlado as leis dos homens, o que gera ainda mais gravidade, não diz respeito ao corpo físico, mas sim ao espírito, já que a morte que é apenas uma mudança, não livra ninguém da responsabilidade dos atos perpetrados. Responderá por eles na próxima existência material, porque a justiça divina é tão perfeita quanto o seu Criador, como repete sempre Laura, minha filha.

- E no meu caso, que fui conivente com a traição que tanto lhe fez sofrer, já que você, felizmente me perdoou, não preciso mais responder à justiça divina, não é mesmo?

- Se assim fosse, Danilo, seria muito fácil! Perdoei com sinceridade e, além de não guardar qualquer ressentimento, não me sinto vítima de você e nem de qualquer outra pessoa que tenha, de certo modo, me prejudicado, porque nada acontece sem ter havido, antes, uma causa! Mas em resposta a sua pergunta, o perdão é, entre outros, um ato de pacificação, mas não anula, perante a justiça divina, a responsabilidade de quem cometeu o erro.

- Você está insinuando que também já traiu um amigo?

- Nessa atual existência, tenho certeza que não! Mas em outra ou outras, no passado, seguramente sim.

- E, então, tem sido fácil para você?

- Como disse há pouco, não é fácil para ninguém, entretanto, a misericórdia divina sempre nos alcança, disponibilizando recursos diversos. Dentre eles, eu escolhi o que se encontra na compreensão dessa frase que Jesus pronunciou, conforme afirmação de Pedro, o apóstolo: 'o amor cobre a multidão de pecados'.

- Não guarda, então, nenhuma mágoa de mim?

- Confesso que estou muito bem interiormente, pacificado comigo mesmo. Nem um vestígio de mágoa, nem de você e nem de ninguém.

- Como você é bom, Amaro!

- Lembro-me de uma passagem do Evangelho que narra a resposta de Jesus a alguém que lhe chamou de "bom mestre" e ele, então, respondeu com outra pergunta: "por que me chamas de bom, se bom mesmo só há um, que é Deus"?

Depois do longo e proveitoso diálogo, mais refeito a ponto de ensaiar um sorriso, Danilo se despediu e logo que Amaro ficou sozinho, refletindo sobre a situação do visitante, Laura se aproximou e abraçando-o ternamente, perguntou:

– Uma tarde muito cheia, não foi mesmo, pai?

– De aprendizado, filha!

– Deu para eu ouvir o diálogo, lá do meu quarto, onde eu estava. Como diz o povo, tirou de letra, pai! Muito bem! Mas não é de estranhar, porque somente o amor é capaz de limpar as sujidades do coração e depois de ocupá-lo passa a fluir por todas as formas do bem.

CAPÍTULO 12

ADMIRÁVEL ATITUDE

Um remédio para o remorso: o autoperdão, por amor a si mesmo.
Dizzi Akibah

AMARO SE ENCONTRAVA sentado em frente a janela do quarto, local que havia escolhido como refúgio para pensar desde quando havia percebido que tudo caminhava para retornar ao comando dos negócios e, naquele momento, perguntava-se:

"Que farei ante os que me tratavam como amigo do mesmo meio social e desapareceram logo que fui forçado a viver em outra condição de vida? Procurar-me-ão, talvez, na tentativa de me reconduzirem ao mesmo meio social de antes? Como verão a minha recusa, já que agora adotei outro modo de viver?"

Percebendo-o assim pensativo, Laura entrou no quarto e parou junto a ele em silêncio, mas vendo-a ele assim se expressou:

– Oh, filha, eu estava aqui formulando perguntas a mim mesmo, mas sem conseguir respostas! Por exemplo...

Depois de dizer quais eram as perguntas, comentou:

– Gostaria de saber o seu entendimento sobre isso.

– Pai, a verdade deve estar sempre à frente das nossas decisões. O meu entendimento em relação a estas questões é que, se alguém por falta de entendimento se magoa ante a nossa sinceridade, o problema é dele, pois não devemos a título de preservação de uma amizade, fazer o que o outro faz ou o que ele deseja que façamos simplesmente para agradá-lo ou pior do que isso, fingir, como fazem os que ainda não conseguiram compreender que essa atitude é proveniente da presunção. Nem se preocupe com isso, porque não faz sentido nos preocuparmos com o que os outros acham de nós...

A conversa foi interrompida por alguém que chamava lá fora. Ao ver de quem se tratava, Laura falou cheia de satisfação:

– Oh, Joseane, pela sua fisionomia, presumo que veio nos trazer boas notícias.

– Você está certa, amiga! Seu Amaro se encontra?

– Vou chamá-lo.

Ao vê-lo se aproximando, Joseane foi logo falando:

– Anime-se, seu Amaro, porque eu vim trazer-lhe boas notícias! Conforme imaginei, Desidério e Casimiro foram interrogados e, enfim, confessaram a verdade, conforme as minhas suspeitas. Agora se prepare para reassumir o lugar que é seu, de fato e de direito! – exclamou vibrante de alegria.

Entretanto, em vez de demonstrar, pelo menos, satisfação, Amaro abaixou a cabeça e, depois de silenciar por instantes, se expressou conforme os seus sentimentos ante a nova situação:

– Joseane, aliás, doutora Joseane, desejo agradecer-lhe por toda a sua boa vontade e interesse de ajudar nessa questão tão complicada, ao menos para mim mesmo, pois não fosse você, nada eu faria! Mas se tenho mesmo que reassumir e voltar a lidar com dinheiro, muito além das minhas necessidades, que seja! Entretanto, não posso negar que isso me preocupa, pois durante todo esse tempo que vivi conhecendo de perto a dificuldade para sobrevivência, compreendi, segundo a minha própria experiência que, estar rico é bem pior do que estar pobre, porque, embora as dificuldades do dia a dia de quem experimenta a pobreza de coisas materiais, nessa situação quase sempre as pessoas unem-se umas às outras, se tornam mais sensíveis à dor alheia, como pude perceber aqui mesmo, neste lugar.

Depois de rápida pausa, disse:

- Que Deus me ampare, para que eu jamais volte a ser o Amaro de antes, cheio de ilusões e convencimentos, que nada têm a ver com a realidade e a finalidade da vida.

Fez nova pausa e, em seguida, falou olhando na direção de Joseane:

- Não disponho neste momento de condições para recompensá-la, mas farei isso tão logo reorganize as contas bancárias.

- Nem pense nisso, seu Amaro, porque o meu único interesse nesse caso, desde o início, era buscar a verdade, para com ela fazer justiça!

- Logo que reassumir, vou criar o departamento jurídico, que planejei muitas vezes e não o fiz, achando que não havia necessidade. Mas depois de tudo isso que aconteceu, compreendo que é indispensável, já que temos que lidar com algumas dezenas de funcionários e você está convidada para coordenar esse setor.

- Oh, que surpresa agradável! Recebo isso com muita gratidão e alegria!

- Resolvida essa situação, resta-me a preocupação referente a Rômulo e Danilo, seu pai que...

- Desculpe-me por interrompê-lo! Eu quase esqueço que tenho outra notícia, também, muito importante: no mesmo interrogatório, Desidério inocentou-os, garantindo que eles não participaram da trama e, inclusive, não sabiam que o documento de doação era falso. Assim, podemos concluir que o erro deles foi, mesmo já tendo conhecimento, continuar desfrutando de uma situação desonesta, em detrimento das dificuldades que o senhor amargava, mas a Justiça não verá por esta mesma ótica. Assim, finda-se a preocupação.

- Oh, isso alegra o meu coração e comprova o que eles já haviam afirmado! Por isso mesmo garanto que tanto Rômulo quanto Danilo seguirão comigo nas mesmas condições de antes.

Tendo convivido em reencarnações passadas numa mesma família e sido informado de que aquela reencarnação era mais uma tentativa de pacificação, não desejava, em nenhuma hipótese, criar qualquer impasse que pudesse prejudicar o objetivo traçado para aquela existência física, não somente dele, mas de todos com quem havia estabelecido, no pretérito, sérios compromissos. Assim foi que, logo depois da reabertura das empresas, convidou Rômulo e Danilo para reassumirem os cargos de antes, na qualidade de sócios. Entretanto, dando uma demonstração do quanto haviam se conscientizado sobre a finalidade da vida, agradeceram pelo convite e pediram, apenas, a oportunidade de voltarem a simples funções de empregados, pois, apesar da mudança benéfica que experimentavam, receavam a possibilidade de caírem, novamente, no precipício das ilusões movidos pelo interesse de ter, em detrimento de ser, hoje, melhor do que ontem e amanhã melhor do que hoje.

Apesar de ter ocorrido diferente do que planejara, Amaro compreendeu, já que também ele ainda mantinha o mesmo receio. Mas embora tudo caminhasse bem, ele se esforçava para não demonstrar na fisionomia a realidade interior que sentia naquele momento. Entretanto, à noite daquele mesmo dia, Laura surpreendeu-o, mais uma vez isolado, sentado em frente a janela do quarto.

– Pensativo, pai?

– Também!

– Sim, é verdade, pois percebo que há tristeza em seu íntimo! O que se passa?

– Não consigo tirar o pensamento de Desidério e Casimiro. Vê-los humilhados na condição de presidiários, além da tristeza que sinto, sou tomado por um forte sentimento de culpa, o que me deixa em desconforto.

– Sim, é verdade que não deixa de ser um desconforto ver alguém, seja quem for, passar por este tipo de correção. Entretanto, como já é do nosso conhecimento, ninguém consegue burlar a justiça divina, pois a sementeira é livre, mas a colheita tem o tempo certo. Eles plantaram e a colheita não ficará para a próxima existência, porque já estão colhendo, situação talvez um pouco melhor do que a de quem está colhendo agora o que foi plantado na existência anterior. Ora, se houve necessidade de uma concessão da misericórdia divina para a quitação numa existência posterior, é porque o acúmulo ou a qualidade da colheita não seria suportada na totalidade, numa mesma existência.

Laura se referia a ele mesmo, Amaro, que estava respondendo, na atual existência, deslizes do pretérito. Ela silenciou e ele então, depois de alguns minutos, fixou o olhar no rosto jovem e belo da filha a quem tanto amava e perguntou:

– Eu sou um exemplo, não é mesmo, filha?

– Segundo os espíritos que nos orientam, sim! Então, pai, sendo a lei divina, indistintamente, para todos, compreenda que o sofrimento que seus ex-sócios estão experimentando, além da quitação de débitos para com a justiça divina, pode ser também a lição de vida que lhes faltava para saírem da descrença em Deus e do apego aos bens materiais. Creio nisso e tenho a impressão de que, depois que deixarem o presídio se sentirão interiormente fragilizados e carentes de uma nova esperança, o que lhes fará lembrarem do amigo e benfeitor de outrora, Amaro. Aí, então, pai, isso lhe será uma boa oportunidade de provar a si mesmo se realmente os perdoou, pois a depender de como o senhor vai agir, é que dependerá o recomeço das suas vidas.

– Oh, Laura, você, sempre você a me socorrer quando a minha imprevidência me conduz a um estado psíquico negativo. Nos últimos anos eu tenho agradecido a Deus, durante as minhas orações, pela misericórdia de me conceder como filha, quem para mim, particularmente, é um anjo de bondade.

– Que coincidência! Eu também, diariamente, agradeço a Deus pela misericórdia de me ter permitido renascer na condição de sua filha!

Sorrindo, com aquela alegria que sinaliza um momento feliz, abraçaram-se demoradamente. É que, entre eles, já estava estabelecida a união pelo amor. No dia seguinte, Amaro se demonstrava mais alegre e otimista. Afinal, Laura estava do seu lado tomando conhecimento de todos os detalhes das empresas com intenção de reorganizá-las:

– Pai, constatei que oito funcionários não retornaram. Soube que já estão empregados em outras empresas. Será preciso substituí-los?

Ela fez a pergunta já pensando nos amigos, filhos dos ex-sócios, mas foi surpreendida com a resposta de Amaro:

– Foi bom me alertar, porque eu tenho uma tarefa para você! Se o nosso propósito é a união, arranje colocação para todos os filhos, em condição de trabalho, de Desidério, Casimiro e Rômulo. Joseane vai ser a responsável pelo departamento jurídico – reafirmou o que já havia prometido e concluiu: – faça o que você achar melhor para eles, de acordo com a capacidade de cada um. Não vai ter dificuldade, porque você os conhece muito bem.

Laura, cheia de contentamento fixou o olhar em Amaro e comentou:

– Muito bem, pai! Oferecer emprego aos filhos de Casimiro e Desidério, não deixa de ser uma confirmação do perdão, segundo a recomendação de Jesus.

– Apesar de tudo que aconteceu e como ocorreu, não me conformo de ver Casimiro e Desidério vivendo naquele ambiente, humilhados, tristes e cheios de remorso. Por isso mesmo é que estou tentando encontrar um meio de aliviá-los um pouco. Empregar os filhos pode ser um refrigério para os seus corações repletos de amargura e desespero.

– Infelizmente, eles erraram! O senhor os perdoou, mas além do perdão não lhes exonerar da culpa, a Justiça não perdoa! Pesa-me muito vê-los naquela situação, principalmente por causa dos filhos, que se encontram, visivelmente tristes.

– Confesso que se não fosse o estudo do Evangelho, que aceitei pela sua influência, estaria ainda com o coração cheio de amargura e decepção, pois, na época, eu me sentia perdido nas minhas próprias cogitações nascidas da crença de que somente o dinheiro traria o socorro. Mas felizmente me enganei, porquanto, o socorro diferentemente do que eu imaginava, veio com outro objetivo: suprir as necessidades de conscientização sobre o real valor da vida, perante Deus e as Suas eternas leis. Penso que, agora, já consigo manter o equilíbrio entre as situações da pobreza, sem me deixar afetar pela amargura, e da riqueza sem me permitir as extravagâncias da vaidade e da insensibilidade para com as pessoas necessitadas. Esse estado íntimo é que me motiva a continuar buscando meios que amenizem ou simplesmente gere neles força para suportarem o doloroso ajuste, sem se entregarem ao desespero.

A conversa foi encerrada e, depois de alguns minutos de silêncio, Amaro se aproximou de Laura e disse-lhe que precisava sair para resolver algo importante e recomendou-lhe atender em seu lugar, a quem o procurasse durante a sua ausência.

Enquanto isso, lá no presídio, Desidério e Casimiro, tentando mútua consolação, conversavam, mas os assuntos que eram sempre as mesmas lamentações foram interrompidos ao verem alguém se aproximando da grade da cela, onde se encontravam. Ao perceberem quem era o visitante, Desidério cobriu o rosto com as mãos e Casimiro abaixou a cabeça com o olhar no chão, onde estava sentado. Faltava-lhes suporte íntimo para encarar a quem haviam traído, através de um pérfido golpe. Amaro, por sua vez, já em frente a grade foi tomado por compaixão ao perceber a aparência dos amigos de outrora, que estavam quase irreconhecíveis, por causa das barbas crescidas, os cabelos desalinhados e os rostos emagrecidos evidenciando a amargura que experimentavam como dura lição de vida. Depois de alguns minutos de silêncio, Amaro se dirigiu a eles:

– Aqui me encontro não para julgá-los, porque quem julga é o juiz e, tampouco para censurá-los pelo ocorrido. Vim trazer a minha solidariedade, afirmando com convicção que vocês contarão comigo para ajudá-los na reparação do mal, de onde surgiu a ideia da ação que lhes trouxera a esta situação.

Percebendo a expressão amiga e bondosa de Amaro, Desidério tirou as mãos do rosto, que estava banhado em lágrimas, mas ainda assim, não conseguia olhar de frente para Amaro. Casimiro, na mesma situação íntima, passava as mãos a todo momento no rosto, tentando enxugar as fartas lágrimas que não paravam de fluir. Depois de instantes de silêncio, Desidério começou a falar, cortando as palavras por causa da forte emoção:

– Amaro, tenho consciência que não mereço, contudo, peço-lhe por misericórdia, que se você puder, me perdoe! Já não disponho de condições íntimas para suportar a amargura de me sentir culpado de todo mal que aconteceu e ainda vem acontecendo com todos nós, já que a ideia de falsificar o documento foi minha. Casimiro poderia ter reagido e até mesmo me denunciado, mas não o fez, não sei se por defender os seus interesses particulares ou como eu mesmo, por apego ao dinheiro. A verdade é que ele preferiu, como eu mesmo, prosseguir no erro.

Casimiro, por sua vez, ainda com o olhar para o chão, assim se expressou:

– Amaro, tudo que eu possa lhe dizer neste momento, não me faz voltar atrás. Por isso mesmo, digo, apenas, que fui traidor e desonesto para com você, que não merecia ser expulso da sua própria casa – seu lugar, como legítimo proprietário das empresas. Assim, se quiser, tem toda razão de me negar o perdão, pois sei que não o mereço. Entretanto, imploro que com seu bondoso coração, dirija um olhar à minha família!

– Seus filhos em condições de trabalho estarão integrados, ainda esta semana, às nossas atividades, com salários compatíveis às necessidades atuais das respectivas famílias. Quanto a vocês, o que lhes falta na vida é Deus, que tentaram substituí-Lo pelo dinheiro, mas já que a ilusão chegou ao fim, entendam que a vida tem uma finalidade diferente de tudo que eu também imaginava. Gostaria muito de dispor de tempo para estar aqui, pelo menos, uma vez por semana, trazendo-lhes uma nova noção de vida, conforme minhas recentes experiências, para quando daqui saírem, sentirem-se pessoas bem diferentes, pelo menos mais conscientes dos reais valores da vida. Todavia, se isso não me for possível, por escassez de tempo, outras pessoas em melhores condições virão, doravante, com intuito de ajudá-los. Ouçam-nas com muita atenção, principalmente quando falarem sobre a existência de Deus, ao que vocês sempre demonstraram descrença. Quanto a perdoá-los, a resposta pode ser encontrada nesta visita que lhes faço de livre e espontânea vontade e na ideia de empregar os seus filhos, para amparar as respectivas famílias. "Já que se conhece a árvore pelos frutos", conforme afirmou Jesus, os meus atos falam muito mais do perdão do que as minhas próprias palavras.

- Estamos sem rumo e envergonhados ante as nossas famílias - lamentou Casimiro entristecido.

- Então, existem fortes motivos para vocês optarem pela busca de novos valores para a vida. E, em vez de se entregarem ao remorso e à tristeza, assumam a responsabilidade dos seus atos e tirem deles uma nova lição de vida.

Amaro se despediu deixando um raio de esperança nos corações de Desidério e Casimiro, torturados pelo desespero e pela amargura.

CAPÍTULO 13

NOVOS CONHECIMENTOS

O conhecimento é luz que desfaz as trevas da ignorância.
Dizzi Akibah

APESAR DO DOMINGO ser considerado um dia de descanso, Danilo, sem perda de tempo, se encontrava por trás de um balcão improvisado na sala de visita da residência, onde tentava recomeçar a vida como comerciante, quando ouviu naquela voz reconhecidamente amiga:

– Ora, ora! Todo começo significa uma nova esperança! – era Rômulo que, apesar de ter passado por tão difícil situação, não perdera a alegria e nem o hábito de sorrir e gargalhar por qualquer coisa que considerasse engraçada.

Danilo levantou de um velho banco para receber o amigo, cuja presença era sempre animadora:

– Oh, Rômulo, a sua presença é sempre para mim uma injeção de bom ânimo!

– Você poderia estar descansando, mas em vez disso...

– Não há como perder tempo!

– Por que essa preocupação se você já está novamente empregado?

– É verdade, Rômulo, porque com Amaro nos sentimos sempre seguros. Entretanto, eu desejo muito poder ainda trabalhar para mim mesmo, como era antes.

– Anime-se, amigo! Vim te convidar para um encontro com Hilásio, que estará na casa de Ester, logo mais à noite. Aceita o convite?

– Você acha que isso ajuda a retirar do íntimo o remorso, apesar do perdão de Amaro?

– Danilo, quem tem que resolver os nossos problemas somos nós mesmos. Entretanto, precisamos para isso buscar o caminho para chegar à melhoria da qualificação moral e, nem sempre conseguimos sem a ajuda de alguém. Afinal, o que Jesus veio fazer aqui neste mundo que parece habitado por gente doida como nós? – perguntou já soltando a sua estridente gargalhada.

– Então, passe aqui no horário – aquiesceu Danilo.

* * *

– BOA NOITE! – falou Rômulo animadamente, já diante de Hilásio e Ester.

Danilo, diferentemente, estendeu a mão na direção de Hilásio e, em vez de um cumprimento com demonstrações de satisfação, tratou de se desculpar, pois não havia retirado da mente o tratamento desdenhoso prestado a Hilásio, no dia em que o havia conhecido:

– Você não deve ter esquecido do meu gesto desagradável e ainda assim, me recebe com demonstrações de satisfação!

– Não me lembro de você ter me dispensado um tratamento que me tenha sido desagradável. Mas, mesmo que me lembrasse, não afetaria o sentimento de fraternidade que venho cultivando para com todos. Penso que pondo isso como prioridade para o meu despertar, ameniza a luta que travo para preservar o meu coração aberto para o amor a todas as criaturas humanas e a tudo mais em volta de mim mesmo - falou sorrindo e o seu sorriso expressava paz.

Ouvindo isso, Danilo se dirigiu a Hilásio se sentindo mais à vontade:

- Eu precisava muito estar com você, pois, embora eu já consiga logicamente acreditar na existência de um ser superior, ainda me falta condições de me firmar na certeza por causa de algumas dúvidas: comentei tempos atrás com Rômulo, o fato de que, se há um ser superior e sendo Ele o criador supremo de tudo que existe, por que nascem crianças deformadas, portadoras de várias deficiências? Sendo Ele o pai da vida, como entender as diferenças sociais que são gritantes, citando como exemplo, as crianças que nascem em famílias abastadas, enquanto que outras, talvez, em número superior, chegam através de pais necessitados, sem sequer poderem lhes oferecer, por exemplo, um agasalho contra o frio e assim começam a sofrer desde o seu nascimento? Desculpe a obscuridade da minha observação, mas se Deus é o pai da vida, como dizem, por que não se sensibiliza com isso? Pode ser um absurdo o que eu vou falar agora, mas é o que me vem à mente: se dona Ester, conforme eu venho sabendo, mesmo não dispondo de condições vem ajudando há muito tempo, com amor e dedicação aos mais necessitados, teria ela mais sensibilidade do que Deus?

Danilo poderia ter sintetizado a sua expressão, entretanto, a busca de conhecimento já significava, àquela altura, uma necessidade para ele. Por isso mesmo, não pôde se conter, perguntando de vez tudo que lhe gerava dúvida.

- Danilo, você deve saber que, quem planta colhe o que preferiu plantar. O espírito retorna pela reencarnação, não com a pureza de um anjo, mas trazendo a soma de experiências adquiridas em muitas outras existências ocorridas no pretérito. Isto significa estar ele, agora, experimentando o efeito das causas por ele mesmo perpetradas, pois mesmo sendo a vida um dom de Deus, cabe a cada um de nós, saber o que fazer com as oportunidades que a lei do livre-arbítrio nos faculta, já que somos os nossos próprios artífices.

– Mas, apesar disso, eu me sinto muito abalado com determinadas situações de sofrimento como a cegueira, pois se trata de algo doloroso! Ora, se eu com toda a minha obscuridade sinto compaixão por quem vive essa experiência, por que Deus deixa isso ocorrer com um ser que Ele mesmo criou? Fico às vezes a pensar, que o adágio "a justiça divina tarda, mas não falha", não corresponde com a verdade que sempre defrontamos!

– Faço-lhe uma pergunta: se a justiça dos homens perdoasse sem qualquer correção, todos os erros e delitos cometidos por aqueles que delinquem, o que seria da sociedade humana?

Depois de silenciar por instantes pensando, Danilo respondeu:

– Certamente um caos!

– É muito bom que sintamos compaixão de quem passa por situações difíceis, entretanto, acima da nossa está a Compaixão Divina que, em se tratando da vida material, se torna bem visível, pois, em vez de condenar, o Pai da vida nos concede a oportunidade da reparação. O ideal é que depois de nos darmos conta do erro praticado, não nos determos no arrependimento, porque para chegarmos à reparação é preciso, antes de tudo, assumir a responsabilidade do equívoco. Já a reparação é, justamente, a ação determinada para a necessária mudança de comportamento, o que responde a sua interrogação sobre as diferenças sociais, e os que retornam pela reencarnação ao cenário do mundo, portando deformações, são eles mesmos os responsáveis pela situação dolorosa que passam a viver. Diante disso, podemos compreender que essas situações não ocorrem por falta da assistência do Pai da Vida ou falha da justiça divina, pois é ela tão perfeita quanto o seu próprio Criador. Tanto que na perfeição do seu funcionamento não falta o amor de Deus, o qual, se manifesta através da misericórdia.

Hilásio fez uma pausa almejando o melhor entendimento e, a seguir, prosseguiu esclarecendo:

– Conforme a pergunta que lhe fiz há pouco, sobre a justiça dos homens, faço-a agora, focando a justiça de Deus: se o Pai da vida, que é todo amor, perdoasse todos os nossos possíveis delitos, sem que houvesse qualquer indicação de reajuste, o que seria de todos nós perante às leis morais? Simples reincidentes dos mesmos erros, o que nos prenderia na mesma situação à margem das leis divinas, mesmo sabendo que há movimento em todo universo, a caminho da perfeição.

Hilásio fez mais uma pausa, proporcional ao tempo de reflexão, para o melhor entendimento, mas Danilo interrompeu-a, demonstrando-se ávido por mais esclarecimento:

– Acho que estou explorando você, demasiadamente. Por isso mesmo, vou fazer a última pergunta.

– De forma alguma! Fique à vontade – respondeu Hilásio, sempre disposto a servir.

– Muito bem! Já que as deficiências físicas, psíquicas e as diferenças sociais tão presentes em nossas vidas são respostas do comportamento no passado, como essas situações podem refletir na presente reencarnação, se o erro praticado que tenha, por exemplo, prejudicado o corpo físico, ocorreu em existência ou existências no passado, mas na presente existência ele, o espírito, já vive em outro corpo! Que tem a ver esse corpo novo com o outro que já não existe?

– Entre os vários corpos que possuímos, os mais acessíveis ao nosso entendimento são o físico e o espiritual, denominado perispírito. O perispírito, além de ser o liame entre os corpos físico e espiritual é, também, o modelador do novo corpo físico que o espírito recebe através da reencarnação. Quando, por exemplo, o espírito reencarnado pratica o suicídio, ato considerado um dos piores crimes perante as leis divinas, o resultado não somente desse ato, mas de todas as ações e procedimentos perpetrados durante a existência física são assinalados no perispírito. Assim, pois, no momento em que o gameta masculino atinge o feminino, no processo da fecundação, e que o espírito é ligado por laços energéticos ao corpo físico em formação, o perispírito passa para o novo corpo as deformações, de acordo com a gravidade da ocorrência ou ocorrências perpetradas em si mesmo e nos outros. Assim, pois, quem tentar contra a vida, decidindo pelo afogamento, pode renascer com um enfisema pulmonar; quem o fizer por enforcamento, pode trazer a vértebra cervical tão frágil que, uma simples queda, no período infantil, poderá provocar a paraplegia. Assim, também, são os problemas de saúde causados por viciações ou falta de cuidado para com o corpo físico e tantas outras situações praticadas à margem das leis eternas que regem a vida. Em relação à pobreza e à riqueza, conforme você citou como diferenças sociais são, também, respostas de causas perpetradas no passado, sendo que toda causa gera um efeito. Que me diz, então, de alguém que tenha usurpado bens materiais, sem qualquer sentimento de piedade para com quem ficara em prejuízo ou que tenha feito mau uso do que a Divindade Maior tenha posto ao seu dispor como depositário, no caso da riqueza? Salvo algumas exceções, não seriam eles aqueles que renascem em famílias carentes de bens materiais, conforme você se referiu?

– Então, Hilásio, nada passa despercebido?

– Sim, Danilo, às leis divinas, absolutamente nada!

– E os nossos pensamentos?

– Também, porquanto se trata do impulso inicial das nossas ações. E, além disso, o ato de pensar cria imagens que são facilmente vistas pelos espíritos. Quando os pensamentos são bons, as citadas imagens são vistas por entidades espirituais, cujas intenções são sempre servir em nome do amor. Mas, se os pensamentos não forem de qualidade moral sadia, as imagens emanadas serão facilmente vistas por espíritos que ainda vibram na maldade. Por isso mesmo, a educação moral deve começar pelo pensamento, o qual precisa ser filtrado pelo raciocínio, antes de se tornar vontade ou sentimento. Lembremos de dois importantes ensinamentos que Jesus nos deixou, os quais, são recursos indispensáveis no tocante à educação moral: "vigiai e orai" e "Tu estás onde colocas o teu coração" (sentimento).

– Tenho, então, que ter muito cuidado com o que penso e acho que será um bom começo pensar delicadamente sobre tudo que acabei de ouvir.

Satisfeito com o que acabava de ouvir, Danilo silenciou e Rômulo que até então, se encontrava em silêncio, mas ouvindo com interesse, aproveitou para, também, formular uma pergunta:

– Bem, embora a satisfação de receber tão importante aula, eu gostaria de tirar uma dúvida: se o meu espírito tem que renascer tantas vezes quanto o necessário para seu aprimoramento, mas se ao renascer traz uma deformação, como absorver esse sofrimento sem saber as razões, já que a causa se deu no passado e não podemos lembrar? Não seria melhor que tivéssemos consciência do erro praticado para tomarmos a decisão de não mais repetir?

– Rômulo, me permita transferir a resposta da sua pergunta para dona Ester que, graças ao seu farto conhecimento, notadamente em referência a esse assunto, vai explicar com toda a clareza que a compreensão exige.

Ela começou a falar com a mesma satisfação de servir e a leveza de sempre:

– Percebo que o seu interesse me dispensa do uso de muitas palavras para o desejável entendimento. Mas antes disso, eu faço uma observação. No começo da pergunta você se referiu a você mesmo, usando o termo "meu espírito". Usa-se muito essa expressão, mas na verdade, nós não somos possuidores de almas ou espíritos. Porque se assim fosse, o possuidor do espírito seria o corpo físico, entretanto, o espírito sou eu mesma, você... Temos, sim, periodicamente, um corpo físico. Quando alguém diz eu sou, eu sinto, eu gosto... As expressões não são do corpo físico que é, entre outros, um instrumento pelo qual o ser espiritual se relaciona com o mundo material.

Fez uma pequena pausa e, em seguida voltou a falar:

– Em resposta a sua pergunta, sem qualquer farto conhecimento como afirmou Hilásio, faço-lhe outra: como seria a vida de um deficiente físico que se lembrasse, desde os primeiros anos de vida, de ter praticado em existência anterior atos perversos que, por exemplo, tenha lesionado fisicamente alguém? Ou que, o pai, a mãe ou um irmão tenha sido um inimigo ferrenho no passado? Certamente a lembrança reacenderia o ódio! Assim como a reencarnação junta numa mesma família espíritos afins, o faz, também, entre inimigos do passado, objetivando a reconciliação e o cultivo do amor que sempre será a maior conquista do espírito, onde quer que ele se encontre. Mas isso só é possível por causa do esquecimento, enquanto no corpo físico, da existência anterior.

Depois de uma pausa intencional, tempo necessário para reflexão, ela prosseguiu:

– Como entenderíamos uma criança com atitudes semelhantes a um adulto, não seria estranho? É preciso nascer de novo, disse Jesus em resposta a uma pergunta feita por Nicodemos, conforme consta no Evangelho e podemos acrescentar: tantas vezes quantas forem necessárias, até atingirmos a iluminação, a pureza e a felicidade plena, ao que todos estamos fadados, por determinação divina.

Depois de uma rápida pausa, ela perguntou:

– Fui clara a ponto de retirar as suas dúvidas?

– Oh, dona Ester! Tanto quanto a luz do sol ao meio dia, no verão! – falou demonstrando-se satisfeito.

Danilo, dando por encerrado o proveitoso encontro, disse já de pé para sair:

– Não me lembro se já vivi nessa existência momento tão auspicioso. Sinto-me como se houvesse saído do purgatório para o céu, conforme pensam, alguns religiosos. Grato, de coração! Saio convicto de que a vida é bem diferente do que sempre imaginei, o que me motiva a fazer parte do grupo de estudo.

Estendeu a mão na direção de Hilásio com palavras de agradecimento e ao repetir o gesto para com Ester, ele falou, segurando com delicadeza as mãos da benfeitora:

– Beijo as mãos onde se encontra a fragrância do amor que por elas flui, dirigida sempre aos mais necessitados de consolo.

Ela, por sua vez, sugeriu que ele incentivasse a esposa, Elba, a acompanhá-lo no estudo do Evangelho, caso ela demonstrasse interesse. Em seguida, ele olhou na direção de Rômulo e exclamou:

- Vamos, bom homem!

Embora o propósito de conter as costumeiras gargalhadas, conforme sugestão da filha, Gabriela, Rômulo não se contendo, soltou mais uma e bem estridente! Logo depois falou ainda rindo à vontade:

- Ora, ora, Danilo! Depois de tão importante aula, você já está cometendo um equívoco? Repetindo palavras de Jesus, "bom só há um que é Deus"! Tanto que, é Ele que vem nos aproximando das pessoas assim como dona Ester e Hilásio, que nos apontam um caminho, bem diferente dos que antes percorríamos.

Bastou saírem da casa de Ester, Rômulo foi logo perguntando:

- E então, Danilo?

- Estou impressionado!

- Que você está impressionado eu já havia notado, ainda durante o diálogo. O que eu quero saber é se neste momento, você ainda sente vontade de se vingar de Casimiro e Desidério?

- Você parece ter adivinhado meus pensamentos, pois lembrei deles há pouco e senti uma forte vontade de visitá-los, para agradecer por terem falado a verdade, o que nos livrou da prisão.

- Seria melhor que não os procurássemos tão somente para agradecê-los por terem falado a verdade, pois, embora isso, como você acabou de dizer, tenha nos livrado de uma condenação, o maior benefício foi para eles mesmos, por terem preferido a verdade em vez da mentira. No meu modo de pensar sobre isso, acho que precisamos de um pouco mais de tempo, para que possamos levar a eles, pelo menos, algumas palavras de consolo e esperança, o que, por agora, certamente ainda nos falta.

CAPÍTULO 14

MOVIDO PELO ORGULHO

Dor! Remédio eficaz contra as ilusões.
Dizzi Akibah

LAURA ESTAVA RADIANTE depois de saber da mudança repentina no comportamento de Danilo, mas não suspeitava que o seu empenho pela pacificação, não se restringia aos que se encontravam fora da sua família, mas, sim, também nela, conforme o exemplo do diálogo a seguir:

– Laura, minha boa irmã, você está satisfeita em residir aqui, neste lugar?

– Sim, Júlio! Nada a reclamar ou lamentar. Por quê?

– Penso que não justifica continuarmos residindo nesta periferia, quando há condições de voltarmos a morar num bairro onde residem pessoas de poder aquisitivo semelhante ao nosso. Um meio melhor!

– O que você entende por meio melhor?

– Ora, Laura, é fácil de compreender, pois seria muito desagradável se as pessoas que conhecem e mantêm amizade com o pai, decidissem visitá-lo. Penso que desistiriam logo que tomassem conhecimento do endereço! Mas se ainda assim viessem, seria um vexame! Você não acha que seria vergonhoso?

– Oh, Júlio! Será que você não conseguiu assimilar as lições de Jesus que nos conduzem à simplicidade? Hoje, nosso pai, embora a avantajada situação financeira, não permite que o apego o faça escravo do dinheiro e se deixe influenciar pelas convenções sociais como antes. Você, entretanto, demonstra-se insatisfeito com este lugar onde residimos. Todavia, foi neste recanto simples onde despertamos, ao percebermos que o mundo em que vivíamos antes era apenas ilusão, tal a fábula do castelo de areia.

– Eu, sinceramente, não gosto daqui e vou procurar um lugar para morar, mais próximo do centro da cidade, onde se encontram aqueles com quem me considero nivelado, pois não quero passar vergonha! A família de Stela já demonstrou vontade de se aproximar da nossa, mas venho fazendo de conta que não estou percebendo. Acha que eu daria um endereço de periferia como esta, onde se destacam casebres pobres, feios e pessoas mal vestidas?

– Oh, meu irmão, para que tanta vaidade? Você vai causar um grande desgosto em nosso pai, porque ele acredita que agora a sua situação se assemelha a dos filhos dos ex-sócios que se integraram de boa vontade e convicção aos ensinamentos de Jesus.

– Que ele me entenda ou não, lamento, mas eu não vou recuar! Aqui, eu não continuarei residindo! Chega de estar sempre rodeado de pobres e necessitados!

Terminou de falar, pegou a chave do carro e disse:

– Fale à mãe, que se eu não retornar, hoje, não se preocupe, porque estou pensando em dormir na casa de Stela.

Ele saiu e Laura permaneceu por alguns minutos onde se encontrava, pensando:

"Pai relutou muito, com receio de reassumir os negócios. Entendo que o seu receio era com ele mesmo, temeroso de perder os bens morais que as dificuldades lhe proporcionaram, mas sequer imaginou que essa possibilidade não se encontrava somente nele, mas no seio da própria família."

Interrompeu as cogitações ao se lembrar do recado de Júlio para a mãe e se dirigiu à copa, onde os pais conversavam. Vendo-a, Zilda perguntou:

- Cadê Júlio, saiu, por acaso?

- Sim. Ele disse...

Depois de ouvir o recado, enquanto Zilda calada, demonstrava preocupação, Amaro assim se expressou:

- Não posso imaginar o que se passa com ele! Ultimamente quase não fala e mantém a fisionomia fechada.

Zilda se adiantou na resposta:

- Ele está insatisfeito com a nossa morada aqui!

- Será que nada aprendeu, todo esse tempo, participando do grupo de estudo?

- É o que ele demonstra, - interveio Laura e depois de falar sobre o diálogo que tivera com o irmão, concluiu: - Ele está resolvido a sair daqui, deixando tudo para trás, conforme percebi na conversa.

Zilda, então, perguntou, dirigindo o olhar a Amaro:

- O que você pretende fazer para resolver esse problema? Eu não quero ficar longe do meu filho!

- Não encontro justificativa para deixar este lugar, que foi e continua sendo para nós uma escola, cujas lições morais encontramos na simplicidade dos seus moradores que, apesar das dificuldades que enfrentam na luta pela sobrevivência, demonstram calor humano, solidariedade e amizade com sinceridade, pois já não se preocupam apenas consigo, mas com todos que passam pela mesma experiência. Por isso mesmo, eu não vou sair daqui, simplesmente para satisfazer caprichos de Júlio, que já é um homem de maior idade e tem direito de usar o seu livre-arbítrio, conforme a sua vontade.

Fez uma pausa e observando a tristeza estampada no rosto de Zilda, ele voltou a falar, tentando justificar a sua decisão:

- Quando, por força das circunstâncias, chegamos aqui, amargurado e revoltado eu não tinha ânimo sequer para chegar à janela, porque não me agradava ver, apenas, casebres e gente sofrida. Mas num certo dia, já cansado da delimitação das quatro paredes, resolvi chegar à janela para sentir as correntes de ar, já que o dia era de muito calor e fui surpreendido ao ver algumas pessoas rindo enquanto conversavam, outras que passavam próximas à janela me cumprimentavam, também com gesto de sorriso. Perplexo, disse para mim mesmo: "acho que pobre aqui sou eu que perdi a alegria de viver e já nem sei, sequer, ensaiar um sorriso mesmo expressando tristeza ao mesmo tempo".

- Oh, pai, que coincidência! Eu passei também por essa experiência e foi isso mesmo que me fez sair naquele dia em que conheci dona Ester... O que faltava para o nosso despertar, como vem acontecendo.

- Bem, até agora vocês argumentaram e falaram das suas experiências como justificativas para continuarem morando aqui. Mas a gente não pode esquecer de Júlio! O que faremos? Se continuarmos aqui, ele sai de casa, o que muito me constrange.

- Mãe, para mim, o que preocupa é o fato dele não ter assimilado os ensinamentos de Jesus. Quanto a ele, pessoalmente, se trata de um homem de maior idade e não devemos detê-lo, afastando-o dos seus interesses e das experiências que, certamente, a vida lhe pede, somente pelo nosso prazer de mantê-lo residindo junto aos nossos corações.

- Não discordo de você. Entretanto - respondeu Zilda - isso não justifica deixarmos de procurar um meio de conciliar a situação, para que a nossa família continue unida.

- Acho que eu contribuí para que ele mudasse assim tão de repente - interveio Amaro e prosseguiu explicando: - me pediu um carro e logo no dia seguinte comprei-o. Esqueci que a facilidade torna as pessoas sem ação e isso anula o real valor da conquista pelo próprio esforço.

- Ele vai lhe procurar para se justificar - aparteou Laura.

- Bem, mas apesar de tudo, eu não pretendo sair daqui, inclusive já estou negociando com o proprietário a compra desta casa. Tão logo isso aconteça, providenciarei uma reforma total, com a finalidade de nos proporcionar mais conforto, exceto a fachada, que só será modificada depois que eu transformar a maioria dos casebres dessa rua, em casas dignas dos seus moradores. Isso porque se transformar a frente da casa deixando-a bonita, vai se destacar, o que eu não desejo, pois não me julgo melhor do que os moradores deste lugar. Mas sair daqui, por causa de um filho que teima em alimentar vaidade e orgulho não está nos meus planos.

A decisão de Amaro acabou desfazendo a última esperança de Zilda de residir em outro lugar, pois, a exemplo de Júlio, ela gostaria muito de deixar para trás a periferia. Entretanto, mesmo tendo percebido a segurança de Amaro ao tomar a decisão, ela tentou contemporizar, no intuito de ganhar tempo, para não se sentir totalmente frustrada:

– Não acho que corremos perigo de mudar para pior, pelo simples fato de mudar de residência, pois penso que não é o lugar, mas sim, a nossa mente. Se já estamos conscientizados de que não se deve manter apego, qualquer lugar onde quer que estejamos, não nos fará mudar a personalidade.

– Sim, Zilda, é verdade. Mas eu tenho muito apreço para com os moradores daqui, porque nos receberam com atenção e demonstrações de fraternidade. A prova disso é dona Ester, que acabou sendo para nós como um farol que clareou as nossas mentes e apontou os rumos para que, hoje, estejamos assim tentando seguir os passos de Jesus, o Divino Mestre. E há outra questão: agora que reassumi os negócios, a notícia está de boca em boca, que sou um homem rico. Se sairmos daqui, como se sentirão? Quer queiramos ou não, de qualquer jeito nós somos a esperança da maioria deles.

Depois de uma breve pausa, ele concluiu:

– Eu não quero mais ser cúmplice, como outrora, dessa divisão, que é o fundamento das classificações sociais, onde se leva em conta somente os bens materiais, em detrimento dos valores morais. Perante Deus não somos todos iguais?

– Está bem, Amaro, você está tomando decisões de acordo ao seu entendimento. Será que não entendeu que Júlio quer nos deixar, justamente por já ter percebido essa sua tendência? Não basta os desgostos e amarguras que passamos, desde que viemos residir neste lugar? Penso que um pouco mais de sensatez ajudaria a encontrarmos uma solução que fosse melhor para todos da família, cujo ideal é permanecer unida.

– Oh, Zilda! No meu conceito sobre união, é o amor que enlaça as criaturas, independentemente de serem ou não componentes de uma mesma família. Querer a presença física, cotidianamente, de um filho já adulto, não seria um modo de retê-lo, sem permitir que ele crie o seu mundo? Eu e você criamos o nosso mundo, mas o mundo dos nossos filhos são eles que devem criar. Deixe-o seguir os rumos que deseja, pois, sem isso, ele não terá oportunidade da aquisição de novas experiências. Ame-o, rompendo os frágeis laços do apego!

Zilda silenciou, mas intimamente não aceitou o argumento do esposo. A conversa, enfim, foi encerrada, pois já era tarde. Uma hora depois, enquanto Zilda e Laura já dormiam, Amaro, ao contrário, perdera o sono, pois, embora a convicção de ter agido da melhor forma possível, segundo o seu pensamento, sentia determinada insatisfação acompanhada de uma sensação de desgosto.

"Já que não consigo dormir, vou tentar descobrir a origem desse mal-estar íntimo."

Logo começaram a desfilar na sua mente lembranças do passado, levando-o às suas origens referentes àquela existência: os pais que enfrentavam dificuldades, cotidianamente, para o cumprimento dos seus deveres perante a família; a sua decisão de deixá-los, ainda, muito jovem, para buscar oportunidades de uma vida melhor em São Paulo, época do desenvolvimento industrial; do primeiro emprego numa pequena indústria de artefatos de plástico que estava ainda em fase de implantação; do proprietário, um alemão por nome Klaus, a quem ele, Amaro, atribuía com gratidão toda a sua história como empresário. Nesse ponto das lembranças, Amaro se deteve nos pormenores da convivência com o seu empregador. Não poderia ser diferente, pois, foi Klaus quem lhe dera o primeiro emprego. Lembrou-se de que alguns anos depois, o seu empregador, tendo perdido a esposa que desencarnara durante o parto e que a tristeza e o desalento lhe tomara os sentidos, chamou-lhe para a seguinte conversa:

– Amaro, tenho por você não apenas o conceito de um bom empregado, mas, sobretudo, de um amigo, já que as suas qualidades morais despertaram em mim a amizade que, mesmo longe, farei questão de conservar. Por isso mesmo é que não posso deixá-lo alheio aos meus novos planos. Estou sozinho, em se tratando de família, como você sabe, e já que não consigo me livrar do desgosto que me amarga interiormente, resolvi retornar para o meu país e tentar, junto a familiares que lá deixei, a melhora do meu estado íntimo. Para isso, já desfiz de outros bens materiais, faltando apenas a casa onde tenho residido e essa fábrica, que pretendo vendê-la, mas ainda não o fiz, para não o deixar desempregado. Mas se você quiser, eu lhe passo as principais máquinas e, já que a essa altura você é um bom profissional, poderá muito bem recomeçar a vida, não mais como empregado.

– Não tenho palavras para agradecê-lo pela sua bondade. Todavia, eu não teria onde instalar esse maquinário para trabalhar, se este imóvel também for vendido.

– Realmente já está praticamente vendido, mas a casa que tem me servido de residência, já que não encontrei comprador e não desejo esperar, você poderá ocupá-la. Vou deixar em seu poder um documento constando que, se em cinco anos eu não retornar, a casa será sua.

Depois de relembrar com minúcias os detalhes do diálogo, Amaro passou a se lembrar da luta para ampliação dos negócios e de quando foi em busca dos amigos na sua terra natal, o Ceará, e de tê-los colocado na condição de sócios. Mas, não encontrando, até este ponto das lembranças motivos que justificassem o seu estado psíquico, como já era madrugada, voltou a mente para o alto e orou, pedindo socorro. Logo que adormeceu, percebeu, em sonho, alguém se aproximando e aguardou:

– Amaro, que a paz do Divino Mestre esteja conosco – falou o visitante do sonho, esboçando um sorriso e prosseguiu: – vim relembrá-lo dos compromissos assumidos para esta existência. Mas no que diz respeito a decisões atuais de ajustes familiares, não posso e não devo opinar se as mantém, conforme a sua decisão ou se faz os gostos da sua esposa e do seu filho. Entretanto, posso afirmar que não foi à toa que as circunstâncias lhe obrigaram a residir aqui neste local da cidade que, por se tratar de uma periferia onde vivem pessoas necessitadas, é considerado, em termos sociais, como um dos mais desvalorizados. Entretanto, para nós, já despojados da matéria densa, se trata de uma pequena unidade escolar, onde os seus moradores encontram oportunidade de despertar qualidades morais e virtudes que ainda se encontram em estado latente no imo da alma.

O visitante fez uma pausa, enquanto Amaro absorvia o sentido das suas palavras e, em seguida, prosseguiu:

– Você não se encontra neste local, simplesmente por ter sido forçado pelas circunstâncias, como eu disse há pouco, pois poderia ser outro qualquer! Há um compromisso que você terá que assumir, imediatamente, ante os que em reencarnação pretérita foram prejudicados por você, materialmente e moralmente. É preciso, agora, se quiser cumprir essa parte do seu programa reencarnatório, auxiliá-los na vida material e moral, com bases nos ensinamentos de Jesus, o nosso Divino Mestre.

– Como poderei saber quem são eles, se aqui residem muitas famílias?

– Faça por todos, Amaro! Dê-lhes oportunidade de trabalho, já que do que você conseguiu até agora, como empresário, nada levará quando cerrar os olhos para esta existência. Junto com a sua filha, Laura, que renasceu com o compromisso de não medir esforço para unir a todos desse grupo pelos laços do amor fraterno, intensifique o esforço em nome da paz e da esperança, conforme os exemplos de Jesus.

– Acha que eu já tenho condições para isso?

– Duvidar de si mesmo denota falta de coragem e de empenho. O valor de toda conquista encontra-se no esforço empreendido. Com a mesma autoconfiança que você se tornou um empresário, tendo começado como simples empregado, poderá muito bem chegar onde precisa, no tocante ao desenvolvimento moral. Entretanto, com ou sem coragem ou empenho, você terá que se esforçar, pois não se trata de uma nova sementeira, mas da colheita do que você mesmo plantou na vida das referidas pessoas.

Fez uma pausa e logo depois, voltou a falar:

– Esta é a grande oportunidade que lhe chega para a pacificação. Deseja perdê-la?

– Certamente não!

– A tarefa requer esforço e persistência, porquanto, o êxito somente será alcançado quando todos passarem a caminhar na mesma direção. O caminho, para isso, encontra-se nos ensinamentos de Jesus, mas que ninguém se detenha na teoria, já que o conhecimento real só acontece na prática, transformando o Evangelho em páginas vivas.

Amaro acordou por volta das sete horas da manhã. Inalou a brisa refrescante e falou para si mesmo:

– Mas que bom! Agora estou convicto de que a misericórdia de Deus nos chega por vários canais! E se assim tem que ser para o bem de todos e de mim mesmo, que seja! Custe-me o que custar.

Disse isso, sem suspeitar que ainda naquela manhã seria surpreendido por uma situação desagradável, conforme aconteceu, horas depois, ao chegar em seu local de trabalho e ver Júlio, o filho, com o rosto inchado, destacando ferimentos e parte da cabeça coberta por atadura:

– Mas, o que foi isso?! – perguntou impactado.

– Sofri um acidente... Foi uma batida num poste ... Por pouco não morri!

– Vou levá-lo para casa, porque não pode e não deve trabalhar assim.

– Não precisa! Eu já estou bem. Se eu chegar em casa agora, hora de trabalho, vai ser um grande susto para a minha mãe. Vou à noite, com o senhor.

Júlio foi para a sua sala de trabalho, fechou a porta, já que, além de não querer ser visto com aquela aparência, estava receoso que alguém lhe perguntasse como teria ocorrido o acidente, o que não falaria, pois no momento da colisão, ele estava embriagado. Enquanto que, Amaro por causa do inesperado acontecimento, não conseguia ocultar o abatimento, se culpando por ter comprado o carro para o filho, sem pensar como e para que ele usaria o veículo e, assim, foi passando o dia amargurado, até perceber que o sol lançava os seus últimos raios para dar lugar à noite. Não desejando retornar à casa com o desgosto que sentia, puxou uma cadeira, sentou-se em frente a uma janela e passou a contemplar o espetáculo das cores que se confundiam entre o rosa e o amarelo, refletidas nas nuvens. Enquanto isso, imagens das passagens dos fatos mais importantes da sua vida até aquele momento começaram desfilar na sua mente. Lembrando-se fortemente do seu tempo de criança, via-se a correr entre as flores, onde as borboletas se deliciavam com o néctar e, ao mesmo tempo cumpriam a tarefa de polinização e a consequente fecundação, indispensável para a ocorrência do divino milagre da vida.

"Como tudo é simples, mas tão belo e significativo na obra do Divino Senhor do universo!" - pensou ele, cheio de saudades.

Após isso, veio-lhe à mente a imagem da sua mãe, que se chamava Luzia. Sentindo uma profunda saudade fechou os olhos tentando se concentrar no intento de se lembrar dos detalhes da aparência física daquela a quem tanto amava e, por isso mesmo, apesar do tempo, era parte das suas melhores lembranças. Em seguida, sem conseguir reagir contra uma sonolência que passara de repente a sentir, percebeu se aproximando dele uma imagem com aparência feminina, envolvida numa claridade de tom esverdeado. Momentos depois ele via, com profunda emoção, a mãe com a mesma aparência de quando ele era criança. Deslumbrado, tentou falar, mas a voz embargada pela forte emoção não lhe permitia expressar o que sentia.

- Amaro, filho amado, não se trata de uma simples imagem criada pelas lembranças. Sou eu mesma, sua mãe Luzia, que vem testemunhar que a morte não aniquila a vida e dizer-lhe que, além dos resgates que se configuram como colheita, chegou a hora da ação para o cumprimento das tarefas programadas e consentidas por você mesmo, principalmente a união pelos laços da fraternidade, já que nada mais nos garante o estabelecimento da paz tão desejada e necessária, enquanto não forem adotados os principais mandamentos das leis de Deus, conforme esclareceu Jesus: *o amor a Deus sobre todas as coisas e ao próximo como a si mesmo*. É de bom proveito acrescentar: querer para os outros somente o que se deseja para si mesmo.

Depois de uma pausa, a entidade espiritual voltou a falar:

– Tenha paciência com o seu filho Júlio, mas seja enérgico para com os princípios morais, que não devem sofrer relaxamento, já que o passado entre você e ele foi assinalado pelo ódio da inimizade. Por isso mesmo, renasceu como seu filho, para juntos apagarem o ódio do passado com o cultivo do amor nas feições paternal e filial. Mas para que isso ocorra é preciso, em vez de se entregar ao desgosto, por causa do comportamento equivocado que ele vem adotando, agir com compreensão e tolerância, objetivando o mútuo entendimento. Ame-o, com o mesmo afeto que dedica a Laura e considere o incentivo de Jesus de amarmos o próprio inimigo. Agindo assim, não será tão difícil, porque Júlio, agora, encontra-se na condição de filho e você, que vem experimentando os sentimentos inerentes à paternidade, deve saber que embora ele já se encontre em maioridade, não deixa de ser seu filho. Por isso mesmo, seja pai, mas seja também amigo e companheiro, sem, contudo, relaxar os cuidados para com a educação moral.

Amaro ouvia com atenção o que a mãe desencarnada falava, mas sentia-se estático! Afinal, a mãe havia morrido, logo depois que ele se mudara para São Paulo, mas estava ali com a mesma aparência, o mesmo tom de voz... Ele já tinha conhecimento que a morte aniquila, apenas o corpo físico, mas o fato de estar vendo e ouvindo a mãe, era sim, motivo de grande admiração.

Depois de mais uma pausa, o suficiente para Amaro refletir, ela prosseguiu se expressando:

– Tenho outras coisas para falar, entretanto, por agora, apenas insisto que mantenha a paciência, pois daqui a pouco você vai precisar muito dela.

Terminou de falar e como havia chegado sumiu da visão perispiritual de Amaro, envolvida pela mesma claridade esverdeada. Os raios do sol, que há pouco coloriam as nuvens com toda a sua pujança e beleza, já haviam desaparecido e algumas estrelas já cintilavam no espaço infinito, mas Amaro continuava sentado na mesma posição de antes e ainda com os olhos fechados, pois considerava ser para ele um prêmio valoroso, que julgava não merecer. Mas, esse estado psíquico que ele desejava manter por mais um pouco de tempo foi interrompido ao ouvir a voz de Júlio que, ao entrar na sala e vendo-o de olhos cerrados e lágrimas no rosto, provenientes da emoção que sentia, perguntou soltando a voz:

– Pai, o senhor está chorando?!

– Propriamente, acho... acho que não.

Mas ao passar as mãos no rosto e perceber as lágrimas, respondeu:

– Realmente, sim.

– Está triste?

– Você acha, filho, que tenho algum motivo para isso? – perguntou olhando fixamente para Júlio que, depois de desviar do olhar interrogativo do pai, respondeu:

– Acho que sim, porque o senhor ultimamente parece estar hipnotizado pela vida dos pobres daquele lugar horrível, onde o que apenas se vê, são necessitados! Não entendo o porquê de estarmos ainda ali, onde as circunstâncias nos obrigaram a suportar. Entretanto, isso já passou! Por tudo que adquiriu até agora é considerado um homem rico e poderia estar vivendo entre as pessoas do seu nível, mas não consegue notar isso, perdendo a oportunidade de ser feliz! Tem que desfrutar! Para que quer tanto dinheiro?

– É verdade, filho! Para que tanto dinheiro que acaba criando facilidades como a compra do carro que você me pediu e no dia seguinte já se encontrava de posse? Sim, sim! Muito dinheiro, facilidades... E você poderia agora estar morto, pois, depois de passar a noite farreando na rua foi dirigir embriagado. Isso mesmo, Júlio! Para que tanto dinheiro se antes, enquanto pobres, você, ao lado de Laura, assumiu a manutenção da família e demonstrava um excelente comportamento!

Parou de falar por instantes e, em seguida, prosseguiu:

– Se eu estou triste? Sim, sem dúvida! Como poderia ser diferente, contemplando a mudança de comportamento, para pior, do meu filho a quem sempre admirei?

– Eu sei que errei, pai, mas não precisa ficar assim, porque daqui pra frente, vou tomar cuidado com o carro, para não mais provocar acidente.

– O carro não tem vida e o seu valor está, apenas, no tipo de uso que fazemos dele. Tomar cuidado, então, com o seu comportamento! Eu vou mandar consertá-lo e colocar a serviço da empresa. Se você quiser dirigir, terá que comprar outro com seu esforço. Todavia, antes de assumir qualquer compromisso que dependa de dinheiro, deve mudar de comportamento, pois o fato de você ser meu filho não lhe garante qualquer regalia. Você é funcionário como outro qualquer e deve manter responsabilidade para com os seus deveres, porque do contrário, estará sujeito à demissão, tanto quanto outro qualquer, que falte com as suas obrigações. Afinal, você não é empregado do seu pai, mas da empresa, que para continuar existindo exige responsabilidade e dedicação tanto dos proprietários quanto dos funcionários. Compreendeu?

Júlio com os olhos arregalados e as mãos trêmulas, falou quase aos gritos:

– Eu acho que o senhor não está me tratando como filho, mas como um estranho qualquer ou um inimigo! Não é assim que os pais dos meus amigos tratam os filhos. Guarda ódio de mim?

– Não, Júlio! Estou querendo aumentar cada vez mais o amor que sinto por você, buscando meios de acordá-lo da ilusão do dinheiro e de prestígio na sociedade corrompida que se distancia, cada vez mais, dos princípios inerentes à finalidade da vida; da boba ilusão de se sentir num pedestal mais alto, pois não somos nada melhor do que pobres e necessitados, como os nossos vizinhos. Entre eles, podemos identificar alguns que estão bem melhores do que nós, em bondade e qualidades inerentes à moralidade. Que dizer de Ester, por exemplo? São eles, na maioria, solidários entre si a ponto de dividir o prato de comida, quando não dormem e acordam com o estômago vazio, mas ainda assim, não perdem o senso do bom comportamento e da amizade.

– Tudo bem, pai! Mas eu não gosto dali e não vou continuar morando onde não quero. Disse ontem a Laura que vou arranjar um lugar para morar, num bairro de bom nível.

– Se o seu salário comportar, não contesto, já que você já é de maior idade.

– O senhor não poderia melhorar meu salário com um aumento?

– Para ser justo, não, porque se eu fizesse isso, teria que aumentar os salários de todos que se encontram no seu nível, que considero muito bem pagos, pois os vencimentos estão acima de qualquer outra empresa. Cresça na empresa, com interesse e responsabilidade e logo a sua situação será outra!

Dando fim ao diálogo, Amaro pegou a chave do carro e perguntou:

– Vai comigo ou prefere dormir na casa da namorada?

– Vou com o senhor. Eu não tenho namorada!

Amaro compreendeu que Júlio usava o nome da amiga, que antes afirmava ser sua namorada, para ocultar a adesão que fizera ao comportamento não recomendável de alguns amigos.

Entraram no veículo e mantiveram-se em total silêncio. Enquanto prestava atenção à direção do carro, Amaro repassava o que dissera ao filho, e se perguntava:

– Será que não fui muito duro com ele?

Era a primeira vez que se dirigia ao filho naquele tom e isso deixou-o surpreendido consigo mesmo. Não sabia ele que a mãe desencarnada havia desaparecido da sua visão espiritual, mas continuava junto a ele, dando-lhe energia e suporte, contribuindo na tarefa de apaziguar os resquícios do ódio do passado pelo cultivo do amor, pondo a verdade sempre à frente das decisões.

CAPÍTULO 15

ENTRE A LUZ E A SOMBRA

Não se impressione com as dificuldades. São portas que se abrem para novas experiências.

Dizzi Akibah

– TENHO UM assunto importante para tratar com você! – disse Laura ao entrar na sala de trabalho de Joseane:

– Seja o que for, estarei ao seu lado, porque de você só me tem chegado coisas boas! Mas não é de admirar, já que o seu foco é sempre o bem!

– Não chegue a tanto, amiga! Se assim fosse, eu já teria deixado este planeta e estaria em outro bem mais elevado! E, além disso, não ignoro as suas virtudes – falou sorrindo e prosseguiu – noto que você está curiosa! Então vamos deixar a troca de gentilezas e tratar do assunto: fui ao presídio visitar Casimiro e Desidério com intenção de levar a eles consolo, esperança e um pouco de conforto íntimo através das lições de Jesus e notei que eles estão passando por grande sofrimento moral. Pedi permissão ao carcereiro e ao entrar na cela para um contato mais direto, seu

Desidério se aproximou, me abraçou, apoiou a cabeça no meu ombro e chorou.

– Oh, Laura, isso nos faz sentir muita compaixão, mas não deixa de ser um sinal de que o sofrimento está aguçando a sensibilidade. Nessa condição será mais fácil eles assumirem a responsabilidade do ato praticado.

– Acho que você está certa, Joseane, porque logo que seu Desidério me liberou do abraço, seu Casimiro se aproximou, segurou as minhas mãos e com o rosto banhado de lágrimas abriu as comportas do coração e deixou jorrar a sua dor maior, conforme pude notar, enquanto ele assim se expressava: "não desejo me queixar do sofrimento que venho, nesses últimos meses, experimentando, por já ter consciência de que fui egoísta, pensando apenas no dinheiro, interesse esse que acabou abafando o amor à minha família e, principalmente, a mim mesmo. As lágrimas que banham o meu rosto, não são apenas de vergonha de mim mesmo, mas sobretudo, de me sentir menosprezado pela minha família". Perguntei-lhe, então: "seus filhos não lhe fizeram nenhuma visita?" Ele meneou negativamente com a cabeça e quando ia falar alguma coisa, Desidério interrompeu dizendo que ele, também, estava passando pela mesma dor do menosprezo.

– Suponho, Laura, que os filhos estão envergonhados e chocados por causa do comportamento equivocado dos pais, conforme eu mesma experimentei.

– Sim, Joseane, é o que denota! Entretanto, você deve estar lembrada que todos eles estavam presentes quando fizemos o estudo do perdão e da importante lição "honrai pai e mãe". Como sabemos que é preciso pôr em prática para aprendermos de verdade, motivá-los será a nossa tarefa.

– Por estar tentando seguir os seus exemplos, sinto-me no dever de ser a primeira a transformar os referidos temas em páginas vivas do Evangelho.

– Eu acho que você já está pondo em prática, pois o modo como vem se comportando nestas últimas semanas me faz entender que se refere ao 'perdão' e ao 'honrai pai e mãe'. Por isso mesmo, foi que eu vim lhe propor a citada tarefa, pois se assim não fosse, de que maneira você iria motivá-los? Seria um cego tentando guiar outro cego, conforme o pensamento de Jesus.

– Você me dizendo isso, acaba me convencendo!

– Mas não se esqueça do que disse Jesus: "não acrediteis nem em todo homem e nem em todo espírito. É preciso, antes, saber se vem da parte de Deus".

– Por onde, então, devemos começar?

– Pelo estudo do Evangelho do próximo domingo, repassando os temas honrai pai e mãe e o perdão, motivando-os à prática, já que o momento é bem propício. E, ao terminar o estudo, termos uma conversa sobre o sofrimento daqueles que se deixam conduzir pelas ilusões e, adormecidos para a verdade acabam enfrentando situações tão desconfortáveis, como acabou acontecendo com seu Casimiro e seu Desidério, mas que isso não justifica os filhos deixarem de cumprir os seus deveres para com os pais, mesmo quando eles erram; que nem sempre a prática do erro ocorre por maldade, mas por faltar conhecimento de um modo melhor de agir; torná-los cientes de que, além da ganância pelo dinheiro, a vingança que seu Desidério e Casimiro usaram para a traição contra o meu pai, Amaro, provavelmente, vem da existência anterior a esta, quando viveram na condição de pai e filhos, conforme revelação dos espíritos que, há alguns séculos, acompanham todo desenrolar dessa longa história.

– Eu não tinha conhecimento dessa informação, Laura! Então, deve haver débitos entre eles!

– Sim, Joseane. Há sérios débitos e é o meu pai o maior devedor. Por isso mesmo foi lhe dada a oportunidade de desenvolvimento na vida material, para ter condições de devolver a eles a oportunidade de progredirem, o que lhes fora negado no pretérito, mesmo se tratando de filhos. Compreendeu?

– Mas, então, já que eles no presente, traíram seu Amaro, teriam sido no passado traídos pelo próprio pai?

– Não! Pai, na existência passada, não os traiu, mas fez algo pior, que foi explorá-los no trabalho e como era muito ganancioso, dava-lhes, apenas, o sustento. Tanto que eles não conseguiram sair da sombra do pai, que os tinha como uma propriedade particular e, assim, manejava-os de acordo com a sua vontade.

– Estou pasma com essa informação! Também meu pai foi filho de seu Amaro?

– Sim, Joseane. Também Rômulo que, segundo a informação espiritual, teria sido na existência anterior a esta, o mais novo (caçula), o único que foi poupado dos rigores do pai. Talvez seja, por isso, que ele sempre foi o mais achegado ao meu pai, e também o primeiro que o procurou depois do golpe, ensejando a reconciliação.

– Você acha, Laura, que com a nossa simples ajuda, será possível a reconciliação entre eles, depois de tanto conflito emocional?

– Acho que sim, se antes pacificarmos a nós mesmas, porque o caminho já foi aberto para alguns deles, desde quando aceitaram o estudo do Evangelho. Agora faltam, apenas, Desidério e Casimiro, mas com o sofrimento que estão passando, é possível repensarem, já que o modo de vida que vinham adotando não deu certo! Além de nós que estamos dispostas a apoiá-los, os amigos espirituais, que fazem parte do grupo, já estão prestando a sua colaboração para que eles despertem e busquem Jesus como caminho, verdade e vida.

Depois de instantes de silêncio, Joseane retomou a palavra:

– Considerando a situação de seu Desidério e seu Casimiro, conforme você mesma presenciou, confesso-me surpreendida com a atitude de Cássio, que demonstrava muito amor ao pai e, agora, sequer foi vê-lo na prisão. E Beatriz? Se ela, também, assumiu na espiritualidade o compromisso de contribuir para a pacificação do grupo, conforme informação espiritual, como pode, então, virar as costas ao pai num momento tão difícil?

– Sabemos, ainda, muito pouco, Joseane! Por isso mesmo, é bom estarmos sempre vigilantes para não cairmos na tentação de julgar as atitudes alheias. Talvez eles estejam sendo inspirados pelos espíritos benfeitores, que buscam sempre a melhor solução. Não duvidemos do direcionamento da justiça divina, que é tão perfeita quanto o seu legislador. Assim sendo, creio que tudo caminha dentro dos planos traçados pela inteligência suprema do universo, Deus!

Laura estava certa, porque depois de feito um novo estudo dos temas perdão e "honrai pai e mãe", conforme elas haviam programado, Beatriz resolveu ir ver o pai na prisão, com o fim de consolar e despertá-lo para uma nova esperança, baseada numa possível mudança de comportamento moral. As imputações voltadas a ela como filha ingrata, conforme aparentava, não condiziam com a verdade, porque o motivo inicial dela ainda não ter visitado o pai, era apenas por imaginar que ele estaria magoado por causa dos atritos ocorridos, desde quando ela deixara a casa.

* * *

– PAI! – falou Beatriz em frente a grade da cela, onde se encontravam Casimiro e Desidério.

Considerando-se desamado por todos da sua família, Desidério tentou com a pergunta a seguir, descobrir qual motivo da filha ali se encontrar, pois imaginava que a decepção teria nublado seu coração:

– Beatriz, minha filha, o que você veio fazer aqui, neste ambiente de sofrimento?

– Vim dizer-lhe que te amo muito e que só estarei bem, quando vê-lo conscientizado sobre Deus, as Suas leis eternas, optando por outros caminhos distantes do apego desenfreado ao dinheiro e na busca de um melhor sentido para a sua vida.

Satisfeito com a resposta de Beatriz, Desidério preferiu prosseguir o diálogo:

– A que sentido você se refere?

– A aquisição de uma nova riqueza, que jamais se perde, por estar fora dos interesses materiais. Os caminhos já foram traçados por Jesus Cristo, conforme consta no Evangelho.

– Penso ser isso mera ilusão, pois neste mundo só vive bem quem consegue ter muito dinheiro, porque somente assim, adquire-se prestígio e facilidade para resolver qualquer problema!

– No entanto, o senhor guardou tanto dinheiro e agora está aqui, passando por este sofrimento!

– Reconheço que mereço estar aqui! Mas se ainda houvesse dinheiro ao meu dispor, eu já não estaria. Bastava distribuí-lo com delegado, juiz... O olho grande no dinheiro anula até mesmo o cumprimento dos mais sérios deveres, porque o interessado acaba enxergando somente o alvo do seu interesse.

– Será mesmo que o meu pai, Desidério, seria capaz de corromper autoridades, se afundando, ainda mais, moralmente? Sabe que não está aqui por falta de dinheiro, mas por querê-lo além dos seus merecimentos. A essa altura já deveria entender que quem erra, deve aceitar, humildemente, as reações das ações praticadas.

– Oh, Beatriz! Você demorou tanto para vir aqui, demora essa que vinha me angustiando sem trégua e agora que veio, acaba fazendo sofrer ainda mais o seu desditoso pai?

Ele não podia compreender as intenções da filha, mesmo porque, a verdade sempre contraria quem dela tenta fugir.

– Não, pai, – retrucou Beatriz – vim com o coração repleto de amor e esperança por tempos melhores, para todos nós. Mas isso somente ocorrerá se o senhor e também seu Casimiro pararem de chorar, pois já está na hora de levantarem a cabeça, assumirem com disposição a responsabilidade pelos atos impensados e, corajosamente, tentarem se corrigir com disposição de não mais caírem na tentação do apego ao dinheiro. O primeiro passo é abraçar o ideal de fazer com que, "hoje seja melhor do que ontem e amanhã melhor do que hoje". Quanto à possibilidade provinda do dinheiro, há alguém gastando-o muito, não para corromper, mas para pagar advogados que estão trabalhando na sua defesa, como também de seu Casimiro. Procurem honrar a bondade de quem está se interessando pelos senhores, ensejando novos rumos para suas vidas, para que, quando daqui saírem, poderem deixar para trás as lembranças ruins, que deverão ficar aqui mesmo. Embora os senhores não acreditem, Deus existe e as Suas leis nunca falham, por serem perfeitas tanto quanto Ele mesmo.

- Beatriz, você está querendo nos consolar, ao dizer que tem alguém tentando nos ajudar a sair daqui. Quem seria capaz disso? Se bastou entrarmos aqui, nesta prisão, para todos passarem a nos repudiar?!

- Não tente julgar as pessoas, pois ninguém é capaz de desvendar os sentimentos refletidos num coração. E nem procure, também, saber de quem se trata, pois talvez nunca saiba, já que Jesus nos ensinou que devemos dar com a mão direita o que a esquerda não veja. Não duvide que sem sentir Deus na vida, tudo mais é mera ilusão!

- Saiba, filha, que não tenho nada contra quem, como você, acredita na existência de Deus. Eu confesso que não tenho bases ou inteligência para compreender coisas assim abstratas. Creio, sim, no que posso ver e tocar.

Ouvindo isso, Beatriz sentiu desânimo, por entender que o pai, mesmo experimentando dor moral tão profunda, não se encontrava ainda na condição de despertar. Silenciou, abaixou a cabeça e depois de instantes, falou no tom da tristeza que estava sentindo:

- Pai, enquanto não lhe chegar o despertar, o sofrimento não lhe abandonará.

- Beatriz, chega! Se você quer acreditar, acredite! Se quer se tornar religiosa, por que não renuncia a tudo e vai ser freira? Faça o que tem vontade e eu jamais vou censurá-la por isso, mesmo porque tenho consciência de que só deve emitir palpites, quem tem conhecimento de causa. Como conheço as minhas dificuldades, prefiro silenciar. Saiba que, por enquanto, apenas o que poderia me alegrar e gerar esperança, seria voltar a ter condições para viver do jeito que sempre quis!

- Sim, pai, - falou já com lágrimas descendo rosto abaixo - sempre fui obediente às suas observações. Não é agora que vou fazer diferente. Entretanto, saiba que é muito triste para mim, vê-lo passando por tanto sofrimento, sem acreditar na existência de Deus, simplesmente por não ter aprendido a buscá-Lo em tudo que está em volta e aí mesmo, no pulsar do seu coração.

Depois de breve pausa ela concluiu o diálogo:

– Logo voltarei aqui, não para falar o que o senhor não deseja ouvir. Mas para vê-lo e tentar consolá-lo com o amor filial que acho ser bem mais forte que eu mesma.

Antes de sair, pediu que ele se aproximasse da grade, estendeu a mão e logo que ele a segurou para se despedir, pela brecha da grade ela beijou-a, falando:

– Beijo, com o mesmo amor, a mão que me apontou os primeiros caminhos da vida, que me segurou levando aos braços e aconchegando ao peito. Amo-o, pai, hoje e sempre, independente do que pensa a sua mente e do que sente o seu coração!

Acenou para Casimiro e, entristecida, deixou o local. Logo que ela saiu, Casimiro, que se mantinha em silêncio, prestando atenção a todo o diálogo, comentou:

– Desidério, sabe o que eu acho? Penso que você deveria agradecer muito por ter uma filha tão boa, inteligente e que tanto o ama! Acho que teria sido melhor se você houvesse compreendido isso e ouvido-a sem contestar, porque tudo que ela falou é fruto do amor que lhe devota. Li isso nos seus olhos! Não sei se você vai ou não gostar do que vou dizer agora: eu aprendi muito com ela e vou sim, me dedicar à busca da crença em Deus. Terei que lutar muito contra mim mesmo, porque toda vez que passo a pensar nisso, vem na minha mente sugestões como se alguém estivesse me falando: tudo isso é pura balela! Deus não existe!

Dito isso, Desidério mudou rapidamente a fisionomia e como se houvesse enlouquecido, começou a gritar e esmurrar as paredes, esbravejando com palavras de atentado ao pudor. Casimiro, então, passou a gritar:

– Pare, homem! Você está louco?

O carcereiro, que era uma pessoa dada a aconselhar os detentos, chegou em frente à grade e vendo o desespero de Desidério, falou demonstrando sentimento:

– Oh, Deus, misericórdia! Tem piedade e ajuda-nos a acalmar este homem!

Momentos depois, Desidério, ofegante, sentou-se no chão e falou com voz rouca:

– Não vem você, também, tentar intervir no meu serviço. Não basta a moça que esteve aqui? Só não tapei aquela boca que, de tanto falar parecia um badalo, porque os que estavam ao lado dela puseram um foco de luz na minha direção e quase me deixaram cego! Com você é diferente, porque está sozinho... não será nada difícil para mim fazê-lo silenciar.

O espírito obsessor imaginou que o carcereiro estaria sozinho porque não tinha condições de ver quem o acompanhava. Aproveitando a oportunidade de ver o companheiro de desdita aparentemente mais calmo, mesmo estando claro que se tratava de uma obsessão, Casimiro passou a falar:

– Oh, Desidério, por que todo esse desespero, logo agora quando há alguém tentando nos ajudar? Não ouviu Beatriz dizer que tem alguém gastando muito com advogados, para nos libertar?

– Você está falando com a pessoa errada! Eu não me chamo Desidério e essa conversa não me interessa!

– Você não deixou de ser Desidério, simplesmente porque errou! Ora, quem nunca se equivocou neste mundo maluco?

– Você é muito teimoso ou lhe falta inteligência para entender o que eu acabei de falar? Já não disse que não sou Desidério? Não me irrite! Você ainda vai saber quem sou, mas só depois que eu terminar o meu serviço, que só vai acontecer quando eu conseguir chegar direto ao ricaço!

Não obstante a afirmação de que não era Desidério que falava, pois se tratava de um espírito raivoso e vingativo que se comunicava através dele, Casimiro sem meios de compreender, por falta de conhecimento, prosseguiu falando:

– Não, meu companheiro, Desidério! Isso não, porque Amaro não merece! É um homem bom, honesto e leal! Não lembra o que já fizemos a ele? Chega de prejudicar o bom homem!

O carcereiro que continuava em frente à grade observando, concluiu, com o seu entendimento, se tratar de um caso de dupla personalidade e estava realmente sentido, pois já havia, àquela altura, se afeiçoado aos dois detentos. Em seguida, cerrou os olhos e orou, pedindo a Jesus que ajudasse Desidério e concluiu com uma pergunta:

– Oh, Senhor Jesus! Conforme tuas palavras, não viestes para curar os doentes?

Dito isso, acabou se assustando, com um grito estridente e, depois disso, Desidério foi ao chão pálido, suando e sem força para reagir. Ainda assim, com a voz quase inaudível, perguntou:

– Casimiro, eu estou ficando louco?

– Não! Foi somente desespero. Mas, agora, trate de pensar melhor sobre Amaro e nada de continuar ameaçando-o!

– Eu não fiz isso, Casimiro!

O carcereiro, por sua vez, saiu dali convicto que, se ocorresse mais uma crise, Desidério teria que ser conduzido a uma casa de tratamento de doentes mentais. Já Casimiro, percebendo que Desidério estava recuperando a disposição, embora demonstrando no semblante muita tristeza, prosseguiu conversando, na tentativa de reanimar o companheiro:

– De agora em diante, Desidério, nada de desespero. Temos que pensar em nossas famílias, porque não sabemos qual será o saldo dessa nossa derrota!

Depois de silenciar por instantes, tentando buscar palavras de efeitos positivos, ele perguntou:

– Será que os nossos filhos não estão certos de que precisamos acreditar em Deus? Isso nos traria uma réstia de esperança!

Percebendo que Desidério estava com o rosto banhado por lágrimas, disse, expressando bondade:

– Agora, pare de chorar e fique certo que nós vamos sair daqui, porque não estamos sozinhos. Nem todo mundo é assim errado como nós! Ainda tem muita gente boa, que já acredita e tem fé em Deus. Bem que eu gostaria de estar entre essas pessoas.

Desidério, então, respondeu:

– Que nada! Acho que foi tudo por água abaixo. Acabou! Reconheço que Amaro nos proporcionou uma vida boa, mas, em troca, oferecemos a traição e com isso, o sofrimento. Como achar que merecemos algo bom, Casimiro? Que esperança pode ter espécie de gente como nós?

– Eu desconfio que seja ele, a pessoa que está pagando advogados para nos libertar!

– Que nada! Só acreditaria nisso, se ele fosse como aqueles que viveram na Terra e são considerados santos, o que sei que ele não é, mesmo porque não acredito em santos. E respondendo a sua pergunta, Casimiro, o que mais me dói é a certeza de que nunca seremos perdoados pelos nossos filhos, por muito amor que eles guardem em seus corações...

– E você seria capaz de perdoar se soubesse que o denunciante teria sido um dos seus filhos?

– Não, de forma alguma! Somente um inimigo é capaz de fazer isso com alguém. E você, Casimiro, perdoaria?

– Agora, nessa situação que estamos, eu também não, embora haja um atenuante: todos eles saíram de casa para nos pressionar, por causa da situação ruim que Amaro estava experimentando. De uma coisa eu tenho certeza: são filhos, ainda jovens, mas já estão muito melhores do que nós.

O diálogo foi concluído, ficando apenas o silêncio incomodativo de sempre. Satisfeito por achar que a crise de Desidério teria sido apenas desespero do momento, mais tranquilo, Casimiro passou a analisar os esclarecimentos de Beatriz. Desidério, por sua vez, começou a sentir arrependimento pelo jeito brusco com que tratou a filha, o que acabou entristecendo-a, mas não prosseguiu, porque começou a sentir o mesmo mal-estar que gerara a crise nervosa causada pelo espírito obsessor. Em instantes, mudou a fisionomia imprimindo-lhe sinais de ódio e começou a falar quase aos gritos:

– Escuta aqui! Eu vou acabar com todos eles, envenenando-os com ódio! Nada de estudo de Evangelho! Antes disso, eles eram fáceis, mas depois que interviram no meu trabalho, se tornaram inacessíveis ao meu comando! Mas eu sei, muito bem, quem são os culpados dos meninos se afastarem da gente! Não perdem por esperar! Eu vou despertar neles a usura e os prazeres que o dinheiro facilita!

– Mas, o que isso Desidério? – perguntou Casimiro, assustado.

– Já sabe que não sou Desidério e insiste! Então, vou começar por você, porque já está pendendo para o outro lado... O que a gente odeia!

Dito isso, se aproximou de Casimiro e passou a agredi-lo. Percebendo que não conseguia contê-lo, Casimiro começou a gritar:

– Socorro, pelo amor de Deus, me socorram!

Uma reação surpreendente, já que até então, ele sustentava a ideia da não existência de Deus! Entretanto, é compreensível, pois, na aflição, mesmo aqueles que defendem a ideia da não existência de um ser superior, acabam traindo a falsa crença. Mas, apesar disso, quando conseguiram conter a fúria que dominava Desidério, Casimiro ficara com hematomas no rosto e um ferimento nos lábios de onde o sangue passara a escorrer. Vendo o carcereiro se aproximando, Casimiro perguntou:

– Ele enlouqueceu?

– Parece algo pior do que isso!

– O quê, por exemplo?

– Não devemos falar do que não temos certeza!

CAPÍTULO 16

DECISÃO RADICAL

A ilusão ofusca a razão e entorpece os bons sentimentos.
Dizzi Akibah

AO TOMAR CONHECIMENTO, através de Joseane e Laura, da situação do pai, Beatriz caiu em pranto. Percebendo, Fausta perguntou surpreendida:

– O que está havendo, filha?

Foi Joseane quem respondeu à pergunta:

– Uma notícia desagradável sobre seu Desidério. Laura, que está a par da situação, vai esclarecer.

Enquanto relatava o acontecimento preocupante, Laura, paralelamente, se preparava para dar apoio à mãe e filha, mas foi surpreendida com a atitude de Fausta, que se expressou desdenhosamente:

– Então, ele enlouqueceu? A culpa é dele mesmo! Não quero e nem devo me afligir com isso, porque bastam as coisas ruins que ele tem feito! Disse-lhe várias vezes, antes de trair Amaro, que não fizesse essa loucura porque a nossa vida já estava muito boa e não precisávamos de mais nada, além do que já tínhamos. Agora, ele que fique com a loucura que procurou!

Parou de falar, mas vendo Beatriz ainda chorando, se aproximou:

– Menina, deixe de ser boba! Não se desgaste com o seu pai, porque ele procurou a desventura, movido pela ganância. Reaja e vá cuidar da sua vida! Não basta a situação difícil que ele nos impôs?

Joseane e Laura entreolharam-se admiradas com a frieza de coração de Fausta. Passados alguns minutos de silêncio, Joseane, que era mais chegada à família, externou o seu ponto de vista, tentando amenizar a situação:

– É verdade que toda desventura é fruto de uma ação impensada. Entretanto, quem de nós está isento de erro? Por isso mesmo, estou convicta de que, se colocarmos como base das nossas ações os ensinamentos de Jesus, certamente, em vez de acusarmos a quem cai pelo erro, como é o presente caso, sentiremos compaixão e, consequentemente, desejo de ajudar, em vez de censurar.

Joseane fez uma pausa, enquanto observava Fausta por saber que ela reagia bruscamente em determinadas situações. Todavia, mesmo notando que a conversa não estava sendo agradável à sua interlocutora, insistiu dando o seguinte exemplo:

– Laura, por exemplo, que sofreu muito os efeitos dos citados erros, poderia reagir energicamente e com bastante razão para isso. Entretanto, está aqui disposta a fazer o que for possível para ajudar seu Desidério a sair dessa difícil situação.

Fausta não gostou do que acabara de ouvir, pois não admitia que alguém apontasse algum engano por ela cometido e respondeu, alterando o tom da voz:

– Joseane, por eu ser mais velha e também mais experiente do que você, não preciso e não sou forçada a ouvir as suas insinuações. Se Beatriz quiser, pode correr para os braços do pai que agora vive a loucura que procurou! Assim sendo, reafirmo que não tenho nada, além do que já venho passando, a lamentar! Por isso mesmo, não devo me envolver.

- Mãe, - interveio Beatriz ainda com a voz chorosa - Laura e Joseane vieram aqui para informar a situação do meu pai, mas receosas que a senhora se sentisse mal com a notícia, não falaram tudo. Mas já que a sua reação não condiz com o que elas imaginavam, saiba que ele foi internado no sanatório e eu acho que, se somos a sua família e desfrutamos tanto tempo do seu esforço, embora ele tenha errado, não é justo que o abandonemos nessa difícil situação. Além de trazerem a notícia, Laura e Joseane vieram, também, me convidar para irmos visitá-lo. Por que a senhora não nos acompanha? Não podemos esquecer que o pai foi sempre bondoso e amável com todos nós da família!

Não obstante o sentimento com que Beatriz fez o pedido, a mãe respondeu fria e áspera:

- Eu? Ir naquele ambiente de loucos? Não me peça isso!

Beatriz sentiu-se decepcionada com a mãe, mas preferiu silenciar e buscar os meios necessários para ajudar na recuperação do pai. Para o seu alento, sabia que poderia contar com as amigas, ali presentes. Assim foi que, no dia da visita, elas pediram a Ester e Hilásio que as acompanhassem. Tão logo entraram no sanatório, sentiram o peso vibratório do ambiente. Encaminhados ao local onde se encontrava Desidério, viram-no deitado no chão, com o olhar fixo na parede. Beatriz se aproximou e falou cheia de ternura:

- Pai, sou eu, sua filha Beatriz!

Ainda com o olhar fixo na parede ele respondeu abruptamente:

- Não me perturbe! Eu não tenho filho! Por isso, se afaste de mim, se não quiser conhecer as minhas reações!

Hilásio e Ester passaram a emitir vibrações amorosas e depois de alguns minutos, Hilásio falou em bom tom:

- Como vai, Desidério?

Ele se sentou no chão e em vez de responder o cumprimento ficou, por instantes, olhando para os visitantes, e comentou irônico:

– Só aparece aqui gente louca! Uma me chama de pai, outro tenta mudar o meu nome... Não sou Desidério! Meu nome é Édipo e não me confunda com ele porque é avarento, traidor e desonesto, mas foi o único que encontrei para poder agir contra o ricaço. É ele que eu quero sob o meu domínio!

O espírito se referia a Amaro. Entretanto, ele não encontraria meios para atingi-lo, tomando como base a afirmação de Jesus, segundo o apóstolo Pedro, de que "o amor cobre a multidão de pecados" e àquela altura Amaro já havia colocado o amor à frente das suas decisões e ações, excepcionalmente, enxugando lágrimas, gerando esperança que tocavam, como sementes de luz, os corações desesperados e amargurados pelo sofrimento.

– Se você mantém este conceito ruim a respeito de Desidério, – falou Hilásio prosseguindo o diálogo e, em seguida perguntou – por que usá-lo para atingir a quem, nesta existência, tem sido para ele um benfeitor?

– Não me pergunte mais nada, porque eu não vou responder! Não lhe conheço, não sei de onde você vem e nem quais são as suas intenções. Por isso, deixe-me cumprir os meus deveres, para com quem eu obedeço.

– Compreendo a sua lealdade a quem lhe dá ordens, mas você pode, sem prejudicar a sua tarefa, fazer um pequeno favor.

– Não sou de fazer favor a quem quer que seja, mas para não pensar que eu sou ruim, pode falar.

– Desejamos trocar algumas palavras com Desidério, mas, para isso é preciso que você se desligue, por alguns minutos, dele. Podemos contar?

Instantes depois, Desidério dirigindo o olhar na direção dos visitantes, falou com os olhos cheios de lágrimas:

– Beatriz, minha filha, não me abandone! Entendo que o meu erro lhe deixou infeliz! Mas ainda assim, todos os dias, desde a hora que acordava, mantinha a esperança de receber uma visita sua, de Francisco, Caetano e principalmente de Fausta. Entretanto, somente você foi ao presídio me ver.

Depois de uma breve pausa, perguntou:

– Por que eu estou neste lugar horrível, fiquei louco?

– Não, pai. Logo isso vai passar. O senhor vai sair daqui e tudo vai ficar bem.

Ele olhou na direção de Ester e perguntou:

– Eu acho que não conheço a senhora ou simplesmente esqueci!

– Beatriz me conhece e confia em mim, por conhecer as minhas intenções. Fique tranquilo!

A seguir, ele olhou na direção de Hilásio:

– Você é o amigo de Rômulo! Sabe das minhas dúvidas em relação à existência de Deus e da minha falta de merecimento. Mesmo assim, peço que me ajude!

– Para isso é que estamos aqui. Pode contar! Mas é preciso que você faça a sua parte: se ajude, cultivando o interesse de se melhorar, porque tudo que está lhe acontecendo pode ser considerado um chamado para o seu despertar. Mas fique certo de que contará com a gente, com toda dedicação e interesse. Sugiro que, quando você sentir que está perdendo, parcialmente a lucidez, mesmo sem bases para acreditar, peça ajuda assim mesmo a Deus. Diga-lhe: se você existe mesmo, me ajude!

Dito isso ele começou a mudar a fisionomia e exclamou:

– Então já chegou a hora! – em seguida, falou num tom de súplica – Deus, se você existe, me socorra!

Silenciou por instantes e, em seguida, falou com o olhar fixo em Hilásio:

– Deu certo! Então, Ele existe de verdade, não é mesmo?!

Ester, que ouvia os espíritos e quando havia necessidade, com eles dialogava, ouviu num tom de voz desagradável:

– Está na hora de acabar a conversa, porque vocês me traíram, com intenções de mudar o jeito de ser dele, para melhor! Não posso aceitar, porque do contrário não vou cumprir os meus deveres! Se vocês teimarem na tentativa de ajudá-lo, eu vou colocar junto de cada um de vocês, um dos meus amigos e aí vão saber do que sou capaz!

Desidério, então, começou a ficar inquieto, mas ao repetir a mesma frase, sugerida por Hilásio, falou demonstrando satisfação:

– Deu certo de novo!

Aproveitando o momento oportuno, Hilásio segurou as mãos de Desidério e ajudou-o a se levantar. Em seguida, Ester se posicionou na frente, Laura de um lado, Hilásio do outro e Joseane por trás. Juntos, na mesma vibração amorosa, procederam à limpeza do campo magnético e, em seguida, procederam à aplicação de energia fluídica, deixando Desidério, tão bem, que acabou considerando a situação íntima daquele momento, como rara!

Beatriz deu um forte abraço em Desidério, recomendando:

– Pai, não se esqueça de pedir a Deus! O senhor não está louco e nem vai ficar!

Ele se aproximou de Ester e disse, percorrendo o olhar na direção de Hilásio:

– Eu gostei de vocês. E quando gosto, não esqueço. Grato pela ajuda!

Logo que deixaram o local, Beatriz, mais animada comentou, se dirigindo a Hilásio e Ester:

– Então, meu pai é médium?

– Sim, Beatriz, todos somos, mas nem em todos a mediunidade aflora a ponto de utilizá-la para o desenvolvimento do bem, em nome de Jesus! É preciso, antes, educá-la para este fim, o que deverá ocorrer com o seu pai. Mas, primeiro, vamos trabalhar na desobsessão. Mas isso requer outras visitas, para que ele, aos poucos, seja também doutrinado. Do contrário, vai dificultar, porque mesmo que consigamos doutrinar o espírito que está agindo na qualidade de obsessor, outros poderão aproveitar a mediunidade em desequilíbrio e usá-la para a prática do mal – pontuou Ester.

– Então, dona Ester, isso vai ser difícil se ao sair do sanatório ele voltar para o presídio!

– Nunca afirme, minha filha, que uma situação seja difícil de solução, porque, às vezes, a dificuldade nasce justamente desse pensamento! Pensemos, então, tornar o que parece impossível em difícil e o que parece difícil em fácil. É como escalar pela primeira vez uma montanha. Quando se atinge o topo é que se percebe que não era tão difícil conforme a imaginação! Requer, apenas, vontade e esforço!

Depois desse diálogo, o grupo se dispersou, seguindo cada um à sua casa. Laura se sentia tão contente, que seguiu cantarolando baixinho uma música, pela qual expressava o contentamento que sentia por ter sido, mais uma vez, útil. Não suspeitava que estava bem próxima de um ambiente adverso. Ainda cantarolando chegou em casa, mas foi surpreendida ao ver Zilda com o rosto banhado em lágrimas.

– Mãe, o que está havendo que lhe causa este desgosto?

– Júlio nos deixou! Depois de pegar as suas roupas e pô-las numa mala, disse-me apenas: "estou indo! Vou cuidar da minha vida sozinho e não precisa se preocupar comigo, porque eu estarei bem". Sentindo que ele não voltaria atrás, porque estava revoltado, pedi o endereço de onde iria residir, mas ele, então, respondeu-me: "não, mãe! Não quero que ninguém vá à minha procura, inclusive o meu pai! Ah, diga a ele, que me considere demitido!". Isso me deixou ainda mais preocupada. Como pode ele alugar uma casa e pedir demissão do emprego? Está tão revoltado, que parece não saber o que está fazendo!

– Eu entendo, mãe! Ele tentou várias vezes motivar pai para mudar de ideia e lhe devolver o carro. Como não conseguiu, tomou isso como motivo para não continuar residindo aqui! Não sofra por isso, porque essa atitude é apenas um tipo de apelação para chamar atenção. Logo ele vai reaparecer com o mesmo argumento. E além disso, ele vai voltar arrependido e pedir para continuar no emprego! Sossegue, mãe!

Apesar da tentativa de consolar a mãe, Laura não deixou transparecer, mas ficara aflita, pois era mais uma dificuldade que teria de enfrentar na sua tarefa de unir a todos pela pacificação.

CAPÍTULO 17

PERDÃO RECÍPROCO

Assim como a luz desfaz a escuridão,
a verdade ilumina as trevas da ignorância.
Dizzi Akibah

DEPOIS DA PRISÃO de Casimiro, Marialva perdera a alegria e a tranquilidade, por causa do futuro incerto, já que as pessoas do seu relacionamento de amizade haviam desaparecido. Entregue à inconformação, nem mesmo o retorno dos filhos Cássio e Érica ao seu convívio, conseguiu alterar, positivamente, o seu estado íntimo. Érica passou a observá-la e notando que nos olhos da mãe não havia qualquer vestígio de brilho e que também não contava com forças para reagir contra o desalento, teve com ela a seguinte conversa:

– Mãe, está com saudade do pai, não é mesmo?

– Sim, Érica! Embora tudo que aconteceu tenha sido por teimosia dele mesmo, ainda assim sinto a sua falta aqui em casa.

– Por que a senhora ainda não foi visitá-lo?

– Falta-me coragem de vê-lo por trás de uma grade como um criminoso qualquer.

– Não posso censurá-la por isso, porque eu também ainda não fui vê-lo por este mesmo motivo.

Essa atitude, inicialmente, refletia negativamente em Casimiro, mas ouvindo Laura, por várias vezes durante as constantes visitas que ela fazia, ele passou a compreender que, embora essa situação lhe entristecesse, a culpa era dele mesmo e que isso havia causado sofrimento a todos da sua família. Mas, numa terça-feira, alguns dias depois do diálogo entre mãe e filha, Marialva ouviu alguns toques na porta e foi ver quem era. Olhou pela janela e viu um homem de barbas e cabelos crescidos, usando um chapéu de abas largas, que ocultava parte do rosto. Não desejando ver e nem conversar com ninguém, por causa da situação de desânimo em que se encontrava, perguntou desinteressada:

– O que o senhor deseja?

O homem, que estava olhando para o lado, direcionou o olhar a ela e exclamou:

– Oh, Marialva, até você me esqueceu!

– Casimiro?! – falou soltando a voz e prosseguiu se expressando, enquanto abria a porta – como esquecê-lo se a sua ausência tem sido tão dolorosa para todos nós?

– Compreendo e peço perdão por ter agido egoisticamente, acreditando que ter muito dinheiro seria o caminho que nos levaria à felicidade, mas me enganei, porque agora eu já compreendo que não se vislumbra qualquer vestígio de felicidade agindo no mal, principalmente, quando isso prejudica alguém, como foi o caso de Amaro. Tanto que, agora, nada tenho a não ser a vergonha de estar na condição de presidiário, embora liberto.

Fez uma pausa e, a seguir, falou mudando o tom da voz:

– Entretanto, nem tudo foi tão ruim. Pior seria se eu prosseguisse nessa doida ilusão, como um vaso oco sem qualquer conteúdo útil, dirigindo-me a uma situação que poderia se tornar irremediável!

– Não creio haver algo pior!

– Há sim, Marialva! Prosseguir alimentando a descrença em Deus e Suas leis eternas. Eu já havia, inclusive, admitido a crença de que nada existia que suplantasse o dinheiro e que para tê-lo em abundância e reforçar, cada vez mais, a ânsia do enriquecimento, já não media as consequências dos meus atos. Por isso mesmo, foi que continuei ao lado de Desidério, depois de abocanhar todos os bens de Amaro em nosso benefício, deixando-o impiedosamente na situação dolorosa como eu soube logo depois da traição. Mas isso sequer me sensibilizou a ponto de mudar de ideia.

Demonstrando profundo arrependimento, embora tardio, Casimiro silenciou por instantes, mas logo depois prosseguiu:

– Entretanto, como resposta do mal que fiz a Amaro e sua família, com bondade e sabedoria, Laura, a sua filha, durante as constantes visitas que fazia a mim e Desidério, tirou-me da escuridão em que eu vivia. Imaginava que alguém da minha família pudesse me perdoar pelo que fiz e, assim pensando, alimentei a esperança de um dia qualquer, dentre tantos outros amargos que vinha experimentando, você, Marialva, Cássio ou Érica me fizesse uma visita, mesmo que com intenção de me recriminar. Por saber-me culpado eu compreenderia e, ainda assim, seria um certo conforto para mim, por não me sentir desprezado. Entretanto, Laura, quando lá chegava, oferecia de presente a mim e Desidério um sorriso que parecia nunca sair dos seus lábios ao expressar bondade e consolo com o seu jeito manso de falar. Tratava-me não como um ladrão atrás das grades, mas sobretudo, um ser humano suscetível a enganos, como ainda estamos todos nós.

Parou um pouco de falar, inspirou profundamente o ar, expirou-o e prosseguiu:

– Foi ela quem me fez, com esclarecimentos lógicos, acreditar na existência de Deus, me incentivando ser hoje melhor do que ontem e amanhã melhor do que hoje, como sempre repetia. Aquela moça, Marialva, é um anjo de bondade! Não somente ela, mas, Amaro, que provou a capacidade de perdoar, indo lá no presídio nos visitar e, ainda mais, empregou nossos filhos para que a família não passasse privações. Por isso mesmo, reitero que não foi tão ruim, mesmo porque, doravante, minha vida será outra, pois sinto que renasci e que, além de tudo, tenho muito a realizar!

– Tenho impressão, Casimiro, que você foi afetado mentalmente, não como Desidério que enlouqueceu, conforme soube. Como pode afirmar que tanto sofrimento que vínhamos, e estamos ainda passando, não é ruim?

– Acho que você não entendeu o meu ponto de vista. Mas sobre isso, conversaremos depois, porque, agora, estou precisando tirar essa barba, tomar um banho, porque não quero que meus filhos me vejam assim com esta horrível aparência.

– Mas, antes disso, me diga como você saiu da prisão, se Cássio e Érica, depois de guardarem, aos poucos, sobras dos seus salários, estavam procurando um advogado que não fosse muito caro para a sua defesa? Espero que não tenha fugido da prisão!

– Tornar-me-ia um fugitivo, se houvesse perdido totalmente a dignidade. Quanto a condição em que fui libertado, também estou alheio. Sei apenas que Joseane, filha de Danilo, apareceu lá no presídio e disse-me cheia de satisfação: "seu Casimiro, se prepare porque daqui a pouco a grade será aberta para a sua liberdade!". Uma hora depois ela retornou e o carcereiro, de quem guardo muita gratidão pela assistência que prestava a mim e a Desidério, disse em bom tom, abrindo a grade: "Enfim, livre! Que Deus abençoe a sua vida para que, doravante, todos os seus caminhos lhe conduzam ao bem!". Aí, então, Joseane me trouxe de carro até aqui.

– É tudo muito estranho! Quem teria se preocupado com você?

– Pelo que ouvi de Beatriz, quando foi lá visitar Desidério, posso concluir que foi Amaro.

– Para ele fazer isso, acho que teria que ser um santo!

– Vou me cuidar!

– Seja rápido, porque daqui a uma hora eles estarão em casa.

* * *

– MÃE, HÁ sempre dias na vida da gente que podem se tornar inesquecíveis e hoje, pode ser um deles! – disse Cássio que acabava de chegar.

– Oh, filho, qual é o motivo de toda essa alegria?

Foi Érica que também, eufórica, respondeu:

– Seu Amaro nos mudou de função e aumentou o nosso salário para quase o dobro! Não vamos precisar mais vender a casa!

– Concordo com vocês, porque este dia nunca será por nós esquecido!

Ela falou se dirigindo à porta do quarto. Abriu-a, mas nada disse sobre Casimiro. Entretanto, instantes depois, o filho mais novo chegou à porta do quarto e falou assustado:

– Mãe, tem um homem deitado em sua cama!

Marialva olhou na direção de Cássio e Érica e disse:

– Vamos lá?

Depois de chegarem à porta, Cássio exclamou:

– Oh, Deus, é o pai! Ele fugiu da cadeia?

– Não, não fugiu. Pelo que ele me disse, saiu com ordem de um juiz.

– Mas como pode ter isso ocorrido sem ajuda de um advogado?

– Talvez Joseane saiba porque foi ela quem o trouxe aqui.

– Estranho! Nós conversamos com ela sobre a possibilidade de fazer a defesa dele, mas ela disse que não podia, por trabalhar na condição de funcionária no escritório onde atuava.

A conversa foi interrompida, porque Josué, garoto de dez anos de idade, se aproximou da cama e de um só pulo caiu por cima de Casimiro, expressando todo o seu contentamento:

– Pai voltou! Não vai mais deixar a gente, não é mesmo? – perguntou grudado ao pai e continuou falando: – eu estava com saudade! Muita, muita! No coração.

– Não, meu filho! Se Deus quiser, nunca mais vou deixar vocês.

– Ah, que bom ele ter acordado, porque quero dar o meu abraço de bom retorno! Só que estou envergonhada, porque não fui, sequer uma vez, visitá-lo – lamentou Érica.

– Eu, também, Érica. Acho que estou numa situação pior do que a sua, porque, além de não o visitar... Bem, sobre isso... Espero que ele me entenda!

– A que você se refere, Cássio? – perguntou Érica.

– Tudo tem a melhor hora e não devemos precipitar.

– Pai que bom tê-lo de novo próximo aos nossos corações! – exclamou Érica, já de braços abertos e, enquanto abraçava-o, pedia perdão, explicando o porquê de não o ter visitado:

– Eu não teria coragem de vê-lo naquele lugar! Preferi guardar a sua imagem do jeito que era até tudo acontecer: alegre e amável!

Cássio, então, se aproximou e também abraçando-o disse:

– Feliz retorno, pai! Eu sinto que a sua vida, doravante, vai mudar muito, pois acredito que o erro deve ter cedido lugar à busca da verdade.

– Perdoe-me, filho!

– Nada mais a perdoá-lo. Afinal, a afirmação de que "há mal que vem para o bem," especificamente nesse caso, está certa, porque se o senhor continuasse colocando o dinheiro no lugar de Deus, não seria pior?

– Sim, concordo!

– Mas, apesar disso, eu quero muito que o senhor também me perdoe!

– Perdoá-lo como, se fui eu o causador de tudo?

– Avaliando a situação pela intenção, no que diz respeito a uma decisão que fui forçado a adotar, na qualidade de remédio amargo, o único encontrado para evitar quedas morais bem piores.

– A que você se refere, com toda essa seriedade?

– Quando descobrimos a verdade de tudo foi uma grande decepção para todos nós, filhos. Unimo-nos e passamos, imediatamente, a nos encontrar aos domingos. Inicialmente, na tentativa de conseguir um meio de ajudar o seu Amaro e, logo depois, desacelerar a corrida desenfreada pelo dinheiro, para evitar um precipício ainda pior. Assim, depois de muita conversa, entendemos que a única solução seria entrar na Justiça com uma denúncia, mas isso ninguém tinha coragem de fazer. Passei muitas noites sem dormir pensando no assunto e, então, certa feita perguntei a mim mesmo o que seria melhor para o doente, um remédio amargo ou deixá-lo morrer sem o devido socorro? Optei pelo remédio amargo e agi em nome do amor que sinto pelo meu pai, já que este sentimento era e continua sendo bem mais forte do que qualquer receio!

Fez uma pausa e vendo que tanto o pai como a mãe e também Érica dirigiam-lhe olhares de interrogação, voltou a falar:

- Perdoe-me, pois fui eu o autor da denúncia que foi feita, quinze dias depois da carta anônima. Achei que durante aqueles dias, o senhor e seu Desidério voltariam atrás, devolvendo a seu Amaro o que a ele sempre pertenceu, de fato e de direito.

Com o rosto banhado em lágrimas, logo que concluiu a revelação, Cássio saiu imediatamente do quarto. Casimiro alcançou-o na sala, segurou-o com firmeza pelo braço e falou com a voz de puro amor paternal:

- Filho, em vez de perdoar, eu tenho o dever de agradecer. Pois, o que você fez era o que, realmente, deveria ser feito! Por isso mesmo, doravante, você terá um pai, embora tudo que ocorreu, honrado pelos novos sentimentos que nasceram em meu coração e serão cultivados até onde a minha condição interior permitir; um pai que já tem bases para acreditar em Deus e Suas leis eternas e, além disso, liberto da escravidão do dinheiro! Assim como usei a inteligência para a prática do mal, usarei, logo que eu logre as devidas condições, para cultivar e distribuir o bem.

Fez uma pausa e, em seguida, concluiu:

- Não fique triste, porque você não traiu seu pai! Deu-lhe o remédio para preservar a vida, ensejando a decência e a honradez, em vez de continuar sendo um vivo/morto, dominado pela ilusão de ter mais e sempre mais.

Abraçaram-se, novamente, aproximando os corações que pulsavam acelerados, no clima da doce emoção de quem já entende que, contra o mal, só há um remédio que é o amor a Deus sobre todas as coisas e ao próximo como a si mesmo, conforme mencionou Jesus.

CAPÍTULO 18

RIGIDEZ DOS SENTIMENTOS

A união não apenas faz a força, mas sobretudo, estabelece a amizade.
Dizzi Akibah

DEIXANDO CASIMIRO EM casa, Joseane foi procurar Beatriz para cientificá-la de que o pai, Desidério, assim como Casimiro, estava livre da prisão. Lá chegando, Fausta foi atendê-la, já que Beatriz ainda não havia chegado do trabalho.

– Dona Fausta, – falou Joseane com bom ânimo – sinto-me privilegiada em ser a portadora de uma boa notícia!

– Ouvir isso é algo animador, já que ultimamente minha vida tem sido, apenas, desgosto e desalento. De que se trata?

– Seu Desidério! Logo que tiver alta do sanatório, voltará para casa!

– E você considera isso uma boa notícia? Talvez você não tenha ainda analisado a real situação. Por isso mesmo pergunto: que condição tenho eu de cuidar da casa, das crianças e de uma pessoa que perdeu o juízo?

– Dona Fausta, além de seu Desidério não estar louco, já que o caso dele tem outra conotação, é o pai dos seus filhos!

Como Fausta ficou calada por falta de argumento, Joseane prosseguiu falando:

– Antes de ser preso, não desfrutava ele da sua consideração?

– Antes, nós não enfrentávamos as dificuldades de agora e eu o tinha como um homem honesto, bem integrado à sociedade e esforçado, que tudo fazia, segundo ele, para o futuro dos filhos. Agora, entretanto, quem é ele? Um condenado, que além de ter perdido tudo que tinha, está louco! Ele para mim, doravante, será um morto que insiste em continuar vivo, nem sei para quê! Para que serve um homem pobre, arrasado, desacreditado e acima de tudo inválido? Apenas para me dar trabalho! Não chega que fui forçada a dispensar os empregados e acabei assumindo sozinha todo trabalho da casa? Melhor que Desidério fique por lá mesmo, no sanatório... Na prisão ou outro lugar qualquer. Mas aqui, não!

– As pessoas merecem consideração somente quando têm o que dar? Será isso certo perante Deus e a Sua justiça?

– É melhor você deixar Deus e as Suas leis fora disso, porque não costumo voltar atrás depois de ter tomado uma decisão.

– Não querer conviver, doravante, na mesma condição de antes como marido e mulher é indiscutível e respeitável, por se tratar de algo do sentimento. Mas a casa é muito grande! Pelo menos até que ele busque uma nova atividade e possa pagar um aluguel...

– Joseane, não use seu argumento em vão! – interrompeu bruscamente.

– Assim como a Justiça lhe garante o direito de residir nesta casa, garante também a ele, principalmente num momento que exige muita seriedade, por se tratar de necessidade. Não teria, se o erro de natureza moral fosse cometido diretamente contra a senhora e seus filhos. Mas, permita-me pedir que tenha um pouco de paciência, pois reafirmo que ele não se encontra mentalmente doente e sendo ainda um homem com muita disposição física, certamente vai superar pelo trabalho!

– Está lhe faltando percepção, Joseane! Ora, como os meus filhos olhariam para o pai na triste condição de quem foi preso por prática de um crime?

– Como outra pessoa que haja se enganado! Pois se assim não fosse, Jesus não teria sugerido ante aqueles que queriam apedrejar a mulher que foi pega em adultério, que atirasse a primeira pedra quem se encontrasse isento de pecado.

– Joseane, não perca o seu tempo, porque quem resolve isso sou eu!

– Entendo que a senhora tem direito de tomar a decisão que achar melhor ou simplesmente que mais lhe agrade. Entretanto, não lhe deve faltar o bom-senso, pois as atitudes dos pais refletem nos filhos e, em muitos casos, podem servir de exemplo.

Depois de uma breve pausa, Joseane voltou a argumentar, na tentativa de sensibilizar Fausta, a ponto dela repensar e mudar de ideia:

– Em toda essa história, quem mais sofreu a repercussão foi seu Amaro e família. Entretanto, ele teve a grandeza de se esquecer de si mesmo, quando foi ao presídio visitar a quem o traiu e havia lhe causado tanto sofrimento. Laura, por sua vez, visitou-o frequentemente, ajudando não somente a ele, mas também seu Casimiro, a não se entregarem de vez ao desespero, como já era previsto, cuja intenção das visitas era gerar esperança numa vida mais digna, sem o apego ao dinheiro. Diante disso, quem poderia imaginar que seu Desidério seria hostilizado em seu próprio lar?

– Joseane, se você veio aqui para me recriminar, não se esqueça que a porta de entrada é a mesma de saída...

Foi interrompida com toques na porta. Era Beatriz que, minutos antes havia chegado do trabalho e, ouvindo a voz exaltada da mãe, ficou por alguns minutos escutando. Fausta abriu a porta e ela, então, dirigiu um olhar interrogativo a mãe que deixou, imediatamente, a sala, enquanto que Beatriz ao ver Joseane se dirigindo à porta, perguntou a amiga que tanto prezava, o que estava acontecendo. Mas, em vez de responder à pergunta, Joseane assim se expressou:

– Oh, Beatriz, você está chegando no momento exato que me foi sugerido sair!

– Por que você tem que sair?

– Em outra oportunidade falaremos sobre isso.

– Se há motivo para você, que a considero como irmã, sair da minha casa, também há para eu não entrar. Pelo menos esta noite eu quero dormir na sua casa.

Saiu sem nada dizer a Fausta que fechou a porta falando, atormentada e raivosa:

– Para essa moça nunca mais abrirei a porta!

Como a casa de Joseane era bem próxima a de Beatriz, elas seguiram caminhando e conversando:

– Eu vim avisar que seu Desidério, logo que receber alta, poderia voltar para casa, mas...

– Então ele está livre da prisão? Isso é muito bom, Joseane, porque eu vou voltar a ter a minha família unida!

– Acho que você não entendeu, porque eu disse que ele poderia voltar para casa.

– Por que essa expressão 'poderia voltar'?

– Para não pensar que eu estou fomentando desunião, pergunte a dona Fausta.

– Eu a ouvi falando que a porta de entrada era a mesma de saída. Foi mesmo com você?

– Infelizmente, sim, porque eu estava tentando fazê-la entender que não se preza as pessoas somente quando elas são portadoras de bens materiais. A verdade, Beatriz, é que ela não quer que seu Desidério volte para casa.

– Quê?! Ele vai sim, voltar para casa! Quer ela queira ou não, terá que compreender que, agora, a manutenção da casa está dependendo de mim e meus irmãos. Acho que não posso ser excluída das decisões mais sérias!

– Penso, Beatriz, que não será bom você forçar, porque pode ser que ela não queira mais viver com ele e como devemos respeitar os sentimentos alheios, melhor pensar em outra saída.

– Já sei o que vou fazer!

– Melhor é se acalmar e raciocinar com mais lucidez.

Prosseguiram caminhando em silêncio, possivelmente buscando a melhor saída para a solução do problema.

Depois de alguns minutos, Beatriz perguntou:

– Joseane, você deve saber como eles foram libertados sem ao menos serem julgados. Foi você quem conseguiu isso?

– Se eu disser que fui eu, posso estar faltando com a verdade. Se eu disser que não, você vai querer saber quem teria sido, mas eu não posso trair a confiança em mim depositada, falando o que não devo.

– Então, como vou poder agradecer a generosidade de quem cuidou disso?

– Tudo tem o seu tempo ou a melhor hora! Por enquanto, aproveite para testar a paciência.

No dia seguinte, ao chegar em seu setor de trabalho, Beatriz se encontrou com o irmão Caetano, que foi logo lhe perguntando:

– Por que você não dormiu em casa? Minha mãe disse que você chegou, mas, que sequer entrou e saiu com Joseane. Acabei ficando preocupado!

– Se trata de algo sério que poderá nos colocar em apuros. Mas, agora, não posso tratar desse assunto.

– Vai, então, me deixar aflito?

– Sossegue, Caetano! Na hora do almoço conversaremos.

Assim foi que, na hora do almoço, ela falou detalhadamente aos irmãos, Caetano e Francisco, sobre as reações da mãe, contrárias ao retorno de Desidério à casa e concluiu:

– Há pouco, Laura me informou que pai estará de alta ainda esta semana. Que faremos?

Porque os irmãos, impactados com a situação, silenciaram, ela prosseguiu falando:

– Há uma solução. Assim como saímos de casa para chamar atenção de pai em relação aos direitos de seu Amaro, façamos isso, agora, para chamar atenção de mãe. Concordam?

– Nesse caso teremos que alugar uma casa – respondeu Caetano.

– A ideia é boa. E os móveis, Caetano? – perguntou Francisco.

– Lá em casa, no porão, tem muita cadeira, mesa, cama, tudo bem conservado. Mesmo com os prováveis protestos de mãe, faremos uma verdadeira mudança!

– Boa ideia! – falou Beatriz já bem animada e concluiu – vamos conseguir a casa em tempo recorde! Espero que com essa aventura, finalizemos a desventura e no final, tudo passe a ser uma ventura.

Em relação às reações de Fausta, os filhos Beatriz, Caetano e Francisco concluíram que deveriam respeitar as decisões por ela tomadas a respeito de Desidério, por acharem que a mãe já não mantinha amor conjugal por ele. Felizmente, estavam enganados, pois, Fausta mantinha bons sentimentos para com Desidério, mas o que lhe atrapalhava era a situação confusa que mexera com o orgulho alimentado desde quando a boa situação financeira a conduzira ao equívoco de se imaginar num pedestal mais alto, pois as suas amizades, a partir de então, passaram a ser com pessoas de meio social com bases no poder aquisitivo. Assim, sentindo-se derrotada ante as amigas, por causa da prisão de Desidério, se revoltou contra ele, culpando-o incessantemente da desventura que experimentava. Entretanto, poderia ela repensar, se considerasse o tratamento carinhoso que dele recebia, pois, para agradá-la, dava-lhe tudo que pedia e fazia todas as suas vontades do jeito que ela queria. Entretanto, em vez de receber tais manifestações, na qualidade de atitudes amorosas, ela entendia como se fossem um dever. Mas essa situação acabou levando os filhos a um desafio: como dizer ao pai que Fausta não o queria em casa e qual seria a sua reação? Era tudo dúvida.

Entretanto, quando os traços da vida convergem para o bem, como era o caso deles, certamente encontra-se uma saída, mesmo que seja comparada à porta estreita, no sentido que foi abordado pelo Mestre Divino. Assim como a união de todos aqueles jovens foi estabelecida com bases no que haviam assimilado no estudo do Evangelho, provavelmente conforme ocorreu no começo, poderão novamente darem-se as mãos em apoio. Veremos nos próximos capítulos.

CAPÍTULO 19

VENCENDO DE MÃOS DADAS

A rebeldia é caminho para a dor,
assim como a concórdia é para a paz.
Dizzi Akibah

CONSTATANDO QUE DESIDÉRIO não era um doente mental, ao liberá-lo, o sanatório pediu que ele fosse retirado daquele ambiente o mais rápido possível. Embora os filhos já houvessem conseguido alugar uma casa para onde o pai seria levado, enfrentavam ainda um problema: Fausta, ao tomar conhecimento dos planos traçados para o acolhimento de Desidério, revoltada com os filhos não permitia que eles pegassem os móveis que se encontravam no porão, sem qualquer utilidade. Isso porque, ela não queria ficar sem a presença em casa, dos três filhos mais velhos e, além disso, se sentia magoada achando que eles preferiram a companhia do pai, em detrimento dela que passaria a amargar a solidão, pois os filhos que ficariam em sua companhia eram ainda crianças:

Caetano, que demonstrava em suas atitudes bastante ponderação e calma no trato para com as pessoas com quem mantinha aproximação, falou, olhando diretamente para os olhos de Fausta:

– Mãe, eu tenho um assunto para tratar com a senhora e, para tal, peço-lhe calma e compreensão. Não quero emitir qualquer opinião sobre a sua decisão de não querer pai na sua companhia, pois a minha atitude diante disso é de respeito ante a sua decisão. Entretanto, pai já se encontra de alta e eu, Beatriz e Francisco, alugamos uma casa para ele morar, mas como não há móveis, vamos precisar dos que se encontram no porão, sem qualquer serventia.

– Desta casa não sairá absolutamente nada! Vocês são filhos tão ingratos a ponto de desprezarem a mãe, dando preferência ao pai que arrasou, impiedosamente, a minha vida.

– O caminhão já está aí fora para levar os móveis, mãe! A senhora pode até estar magoada com meu pai, cuja condição perante a senhora é de esposo. Mas perante nós, o sentido é outro por que ele é o nosso pai!

Beatriz e Francisco que estavam junto à porta esperando que Caetano com o seu jeito manso conseguisse fazê-la entender, abriram a porta e entraram. Beatriz fixou o olhar na mãe e disse:

– Não posso acreditar que a senhora está fazendo caso de móveis que já foram descartados! Lamento, mas o direito que lhe assiste nesta casa é o mesmo que desfruta o meu pai. Será que ele não merece nem isso? Lamento, mãe, mas ante a dificuldade que estamos enfrentando com a situação de pai, não há outra solução a não ser contrariar a sua vontade! Vamos abrir o porão para o pessoal carregar o caminhão – falou olhando na direção dos irmãos.

Fausta não imaginava que os filhos, sempre atenciosos e amáveis para com ela, fossem capazes de sair da sua convivência para ficar com Desidério. Por isso mesmo, ela se sentia ainda mais derrotada. Entretanto, apesar de ter consciência de que a sua atitude era mesquinha, poderia aliviar o coração do amargor que nele guardava, mas preferia continuar alimentando caprichos e piorando a sua situação. Era, portanto, mais uma tarefa para Laura, pois àquela altura, Fausta havia cortado relações com Joseane, e Beatriz, para ela, passara a ser uma filha ingrata. Mas apesar de tudo, a mudança foi feita, a casa arrumada, mas havia ainda uma preocupação que era falar para Desidério a razão pela qual ele não voltaria para a sua casa. Mas, Beatriz, usando recursos psicológicos, acabou conseguindo, mas não evitou que Desidério, ao se sentir repudiado pela esposa, perdesse o gosto pela vida e, consequentemente, a esperança que vinha alimentando de modificar para melhor o seu modo de viver.

Antes disso, com a ajuda constante de Laura, Ester e Hilásio, Desidério se demonstrava mais equilibrado, embora o tratamento espiritual não se encontrasse ainda concluído, já que o espírito que atuava na condição de obsessor dera uma trégua, contudo, ainda não havia desistido do seu intento. Isso, porém, não passou despercebido por Beatriz que, aproveitando um momento mais apropriado, para ajudá-lo a abrir as comportas do coração e externar o que mais lhe incomodava interiormente, sentou-se junto a ele e perguntou:

– Triste, pai?

– Acho que tenho motivos de sobra, minha filha!

– Sim, compreendo. Todavia, são muitos os caminhos, como também várias as opções. Não significa que a porta que foi, hoje, fechada, não venha um dia a ser novamente aberta, porque tudo passa! E passa bem melhor quando exercitamos a paciência, compreendendo acima de tudo que somos os artífices de nós mesmos e que também, a responsabilidade das nossas desventuras não é tão somente nossa. Percebi que o senhor, depois de acatar a sugestão de Hilásio, de pedir a Deus que lhe ajudasse e ter dado certo, demonstrou tendência de penetrar em novos conhecimentos. Não deixe morrer essa vontade, porque se trata do primeiro passo num novo caminho, onde certamente encontrar-se-á com o bem.

– Sim, filha. Mas eu estou me sentindo tão desventurado, que nem sei se vale mesmo a pena alimentar qualquer esperança.

– Mudando o pensamento, muda-se a vida! Estou convicta de que logo a sua vida será outra e que esse passado, sequer será lembrado. Tudo muda, pai!

Durante os primeiros dias, os filhos, cada um por sua vez, não davam trégua a Desidério, sempre batendo na mesma tecla, baseados nas lições luminosas de Jesus. Apesar disso, sentindo que era preciso reforço, principalmente com exemplos edificantes, Beatriz foi pedir ajuda aos demais jovens que compunha o grupo de estudo do Evangelho. Assim foi que, no domingo pela manhã, depois de servir o café, ela falou para Desidério:

– Pai, vamos mudar essa sua aparência?

– Mudar como, Beatriz?

– Tirando a barba, cortando os cabelos e abrindo o cenho!

Francisco segurou-o pelo braço e levou-o a uma barbearia bem próximo dali. Ao retornar, uma hora depois, Beatriz falou sorrindo:

– Agora eu estou vendo o meu pai! Olha como ficou bonito! – falou já se sentando junto a ele e prosseguiu: – Eu trouxe todas as suas roupas. Para melhorar, ainda mais a aparência, vá trocar de roupa porque, hoje, é domingo e teremos visitas!

– Visitas? Eu não estou em condições de receber e nem conversar com quem quer que seja!

– Pai, certa feita, conforme eu soube, o senhor intencionou descobrir o que fazíamos quando nos reuníamos aos domingos. Hoje, entretanto, além de satisfazer a sua curiosidade, vai perceber e talvez assimilar o sentido real do que fazíamos e continuamos fazendo. Vamos nos reunir aqui para efetuar o estudo do Evangelho e gostaria, muito, de contar com a sua participação.

Apesar da satisfação notada na filha enquanto falava, Desidério fechou o cenho e disse:

– Por que, então, você não me perguntou antes se eu queria isso?

– Acalme-se, pai, porque somente o bem faz bem. Se não quiser falar, fique calado. Deixe para reclamar no final se ainda encontrar motivos, o que eu acho muito difícil! Estou certa de que o senhor vai gostar, pelo menos de ver Laura!

– Laura vai estar aqui?

– Sim, pai! Todo bem que já fruímos até agora nos veio do incentivo dela!

Os primeiros a chegar foram Cássio e Érica. Vendo Desidério sentado numa cadeira, próxima à mesa, Cássio se aproximou e o cumprimentou atenciosamente, desejando breve restabelecimento. A seguir foi Érica que lhe estendeu a mão, falando:

– Seu Desidério, há um novo caminho esperando para ser percorrido pelos seus passos. Mesmo que sejam lentos, não desista!

E assim, todos se dirigiam a ele, expressando cordialidade e consideração. Joseane e Laura foram as últimas a chegar. Também elas se aproximaram dele. Laura, depois de cumprimentá-lo, falou com o sorriso de sempre:

– Vê-lo entre nós é alegria para o meu coração.

De tão satisfeito com a presença de Laura, Desidério continuou segurando a sua mão e, até mesmo para receber os cumprimentos de Joseane ele estendeu a mão esquerda, que também a reteve e se expressou denotando emoção:

– Não posso perder essa oportunidade, já que vocês estão juntas, de agradecer por tudo que têm feito por mim, justamente o que eu esperei tanto dos meus filhos, mas não obtive êxito.

Laura, então respondeu:

– Certamente a oportunidade não era para eles e sim para nós. Mas está bem claro que, agora, eles estão fazendo muito mais do que isso.

O tema escolhido foi, propositadamente, a verdadeira riqueza, conforme consta em *O Evangelho segundo o Espiritismo.*

Sentaram-se todos em volta da mesa, exceto Desidério, apesar da insistência de Beatriz. Érica fez a leitura do tema e, em seguida, passou a palavra a quem desejasse comentar, segundo o próprio entendimento. Assim, a lição foi muito bem explicada em detalhes contando com a descontração e a alegria jovial de cada um deles. Na vez de Beatriz, Desidério aguçou a atenção e a curiosidade para saber o que a filha iria falar:

– Bem, – disse ela – eu acho que a palavra riqueza, no sentido material, chama atenção muito mais do que quem a conceitua, equivocadamente, como um estado íntimo de felicidade. Entretanto, o objetivo divino diverge desse conceito, uma vez que se trata de uma prova, um tanto perigosa, por causa das facilidades que podem incitar os seus portadores aos prazeres e gozos fortuitos do mundo. Mas, não se trata de uma predestinação, pois quando usada como oportunidade de promover o bem geral, como por exemplo, empregos, socorro aos mais necessitados e impulso ao progresso, acaba enobrecendo aqueles que já compreenderam que não são donos, mas, apenas, depositários dos bens que a Divindade maior lhes confiou temporariamente. Se dar bem ou mal, no sentido moral, é opção de quem recebe a riqueza como prova.

Achando que a sua fala estava ficando longa, fez uma pausa e olhou na direção de Laura, que a incentivou a prosseguir:

– A pobreza material também é uma prova difícil, porquanto pode levar a criatura humana, quando no desespero da necessidade, a perder o senso moral ou piorá-lo se cultivar a inveja e o despeito dos que portam riqueza. Entretanto, se trata, também, de oportunidade que Deus concede aos Seus filhos, não somente na condição de quitação de débitos para com a divina lei, mas sobretudo, encaminhá-los pelo despertar de si mesmos ao objetivo para o qual todos fomos criados pela Sua amorosa vontade. Assim, não devemos nos vangloriar pelos bens terrenos que pensamos nos pertencer e, por isso mesmo, cairmos na tentação do declínio cada vez mais perigoso do egoísmo e da prepotência. Por outro lado, não devemos quando na carência de bens materiais, nos deixarmos conduzir pela amargura e desespero, pois nessa condição muitas criaturas humanas, que ainda não despertaram os seus sentidos a ponto de compreenderem os mecanismos da justiça divina, acabam complicando a existência e contraindo sérios débitos para com as divinas leis do Pai da vida. Finalmente, podemos concluir que, onde quer que nos situemos, seja na riqueza ou na pobreza, devemos aceitar com coragem, boa vontade e gratidão a Deus a tarefa a ser cumprida.

Cheio de admiração por ver a filha já bem situada em conhecimentos que ele, sequer antes ouvira falar, se sentiu desatualizado e lhe veio um pensamento:

"Ora, geralmente são os pais que conduzem os filhos, tentando despertá-los para o que acham ser o melhor para eles. Mas, aqui, se dá o contrário: são eles que tentam despertar os pais para algo melhor."

Depois desse pensamento, ele, que se conservara calado até aquele momento, levantou a mão e, em seguida, expôs seu ponto de vista:

– Eu acho que compreendi o que Beatriz acabou de falar sobre a riqueza e a pobreza porque, certa feita, eu ouvi Hilásio falando sobre isso, e há alguns meses atrás, também Laura falou a mim e Casimiro, lá no presídio. Mas eu queria saber a que prova Beatriz se referiu.

– Eu explico, pai! – exclamou Caetano e, demonstrando a mesma calma de sempre, acabou tirando a dúvida de Desidério que, àquela altura, deixara Beatriz convicta de que havia alcançado o êxito do seu objetivo. Restava, por enquanto, mantê-lo no mesmo ânimo para assegurar a condição necessária ao interesse que lhe fora despertado.

Terminado o estudo do Evangelho, o ambiente da casa, antes sombrio por causa dos pensamentos desencontrados de Desidério, tornara-se leve e bastante agradável. Por isso mesmo, os jovens estudantes do Evangelho se confraternizavam conversando e rindo alegremente. Percebendo isso, Desidério falou para si mesmo:

"Como eles estão felizes! Nem parece que agora estão pobres! E eu aqui, remoendo tanta amargura por ter perdido, justamente, o que Beatriz acabou de explicar: as facilidades que o dinheiro me proporcionava. Resta-me, apenas, acatar as sugestões dos meus filhos, também destes jovens e mudar. Como ainda não sei como fazer isso, tenho, então, de dar tempo ao tempo."

Vendo-o calado, Beatriz se aproximou e perguntou:

– E aí, pai, gostou?

Ele, então, respondeu:

– Oh, Beatriz, minha sempre amada filha! Estou profundamente admirado com você! Perdoe-me, por você ter ido procurar em outras pessoas o que não encontrou em mim. Mas, infelizmente, só se dá do que se tem e eu só tinha o que punha facilmente nas suas mãos, fruto das facilidades do dinheiro, acreditando que oferecer coisas materiais era algo importante. Entretanto, vejo agora, você, Francisco e Caetano com conhecimentos longe do meu entendimento. Peço que não me esqueçam no sentido do incentivo para o bem, assim como não deixem de ajudar seus irmãos e também a sua mãe.

Levantou, abraçou demoradamente a filha e se assustou ao ver todos em volta aplaudindo. Em seguida, voltando-se, novamente, para Beatriz disse:

– Agora, filha, vou responder a sua pergunta, formulando outra: quando vocês voltam aqui, para mais um estudo?

– Em breve voltaremos! – responderam já deixando o local e, com a mesma vibração de alegria, seguiram rumo à periferia, levando às pessoas necessitadas, não somente o alimento contido nas dezenas de cestas básicas, mas sobretudo a amizade recheada de fraternidade, esperança e alegria.

* * *

ÀQUELA ALTURA, OS moradores do local onde Amaro e família passaram a residir, já não dependiam das cestas básicas para a sobrevivência, pois viviam uma nova realidade. Todos em condições de trabalho, estavam empregados nas empresas de Amaro e de outros empresários a pedido dele. Além disso, as moradias, antes com aparência de casebres, foram reconstruídas, de modo a proporcionar aos seus moradores um ambiente saudável com as devidas condições de higiene e conforto. Assim, a esperança passara a ser uma perspectiva para um futuro promissor, até mesmo para as pessoas que chegavam à grande metrópole impulsionadas pelo sonho de melhoria de vida, pois Amaro construiu próximo à sua residência uma casa de amplas proporções, programada para comportar, concomitantemente, até quinze famílias de retirantes, cujo objetivo era ampará-las, até quando conseguissem uma atividade.

Entretanto, tudo isso ocorria discretamente, já que, com base no ensinamento de Jesus "dar com a mão direita o que a esquerda não veja", Amaro pediu discrição aos moradores, porquanto não lhe agradava ter o seu nome ligado ao local, na qualidade de benfeitor, por se tratar de quitação de débitos morais, conforme lhe dissera em sonho um espírito que lhe visitara, como já narrado em capítulo anterior.

CAPÍTULO 20

TECENDO MALÍCIA

Assim como o sol desfaz o negrume da noite,
a dor rompe as trevas da rebeldia.
Dizzi Akibah

EMBORA A ARROGÂNCIA com que se expressou no momento que deixara a casa e um recado para Amaro sugerindo que o demitisse, Júlio voltou atrás e procurou o pai pedindo que reconsiderasse, pois não havia encontrado emprego em outro lugar, com salário suficiente para cobrir as suas despesas pessoais, inclusive o aluguel do imóvel, onde passara a residir.

Assim, os dias foram passando, mas no que pesa ele não ter voltado à casa dos pais, sequer para visitar a mãe, se demonstrava, aparentemente, dedicado ao trabalho, o que causava satisfação a Amaro. Não imaginava ele que, Júlio, dado ao seu característico temperamento e constante inquietude, dava-lhe, apenas, uma trégua planejada, propositadamente, objetivando vantagens de acordo com seus caprichos, pois, interiormente, ele tentava ocultar a revolta que guardava contra o pai, por não ter lhe devolvido o carro. Tanto que, numa sexta-feira, ele entrou na sala de Amaro e embora se encontrasse interiormente tenso, começou a falar, se esforçando para manter um tom brando e agradável, já que o assunto era estritamente do seu interesse:

– Pai, pode conversar um pouco comigo?

Depois que Amaro meneou a cabeça positivamente, ele começou a falar medindo as palavras de modo reticencioso:

– Eu... Eu quero tratar de um assunto bastante sério, a respeito do meu futuro, mas talvez não lhe seja agradável. Mas, ainda assim, me ouça com paciência e procure me entender.

Júlio parou de falar, por instantes, mas tão logo retomou a palavra, imprimiu na voz um tom ainda mais brando, na tentativa de agradar ao pai e conseguir o que desejava:

– Certa feita o senhor me contou como saiu da sua terra natal, deixando os seus pais, para tentar algo melhor para a sua vida, o que conseguiu, além das suas expectativas. Não foi assim?

– Sim, Júlio, é verdade! E por tudo isso, rendo graças a Deus, pois sem Ele, nada podemos. Mas prossiga o assunto que você afirma ser sério!

– Pois é, pai! Este seu exemplo acabou me contagiando de tal maneira, que desejo colocar na história da minha vida algo parecido. Estou bem, trabalhando aqui, mas sinto um forte desejo de sair do Brasil e me fixar em outro país, talvez Portugal, por causa do idioma, com o objetivo de me tornar um empresário, levando a mentalidade sobre negócios que assimilei trabalhando ao seu lado. Estou convicto de que serei muito bem-sucedido, mas isso somente ocorrerá se eu contar com o seu apoio.

– Júlio, você sempre reserva uma surpresa impactante para a sua família! É verdade que a sua ausência poderá ser um aperto em nossos corações, excepcionalmente da sua mãe, que é demasiadamente apegada a você. Entretanto, eu compreendo e não devo contestá-lo, pois você já é homem adulto. Mas eu pergunto: qual é o apoio que você espera de mim?

– Bem, isso para mim é o mais difícil de explicar, porque se refere a dinheiro e, conforme os meus planos, uma quantia vultosa. Eu compreendo que não devo ser beneficiado em detrimento de Laura e, por isso mesmo, eu peço que o senhor adiante a parte que tenho direito, por herança, constando isso em documento registrado em cartório.

Fortemente impressionado com a perspicácia do filho, em quem confiava ser, no porvir, juntamente com Laura, os seus continuadores, sentiu-se impactado e depois de uma pausa, objetivando o reequilíbrio das emoções, falou ostentando visível desânimo:

– Isso é um assunto que terei de analisar com a sua mãe e Laura. Somente depois disso eu darei uma resposta.

Terminado o expediente, Júlio seguiu para a sua nova residência, cuja localidade ele considerava de alta classe, enquanto que, Amaro, sequer teve ânimo para arrumar a mesa onde havia muitos papéis e assim permaneceu no local até Laura chegar, o que demorou alguns minutos. Ao entrar na sala, ela notou o abatimento do pai e foi logo perguntando:

– O senhor está aflito ou preocupado, pai?

– Aflito, nem tanto, mas preocupado, sim! – falou intencionado a deixar para tocar no assunto em casa, mas vendo o olhar interrogativo de Laura, que esperava uma explicação, falou em tom de lamento:

– Júlio, sempre Júlio a nos exigir paciência e tolerância!

– O que foi dessa vez?

– Quer deixar o Brasil para viver em Portugal.

– Compreendo o seu abatimento e eu tenho muito a lamentar. Pois se ele fizer isso, vai dificultar os nossos planos e realizações em prol da união de todos, pelos laços da fraternidade. Não por causa da ausência física, porque a distância física não rompe os laços da união estabelecida pelo amor fraterno. Mas pelo seu estado íntimo que vem demonstrando tendências totalmente contraditórias.

– Em casa conversaremos, pois preciso da sua opinião e também de Zilda. Já antevejo ela se desmanchando em lágrimas, pois noto que ela e Júlio se identificam bastante, inclusive no sentido das posições sociais.

Depois do jantar, coincidentemente, Zilda perguntou:

– Como está Júlio no trabalho?

– Pergunta oportuna – respondeu Amaro – já que eu tenho um assunto não agradável para tratar com você e Laura sobre ele. Hoje ele me procurou...

Narrou todo diálogo que tivera com o filho, mas antes dele concluir, ela já se desmanchava em lágrimas, conforme ele havia previsto.

– Mãe, – falou Laura, passando a mão carinhosamente na cabeça de Zilda e prosseguiu falando, na tentativa de consolá-la – Júlio é um homem e como tal, já que deseja liberdade individual do jeito que pensa, devemos compreender, apesar da preocupação que isso nos traz, porque, se perto já estava sendo difícil ajudá-lo a entender o real sentido da vida, imagine longe! Mas, apesar de tudo, precisamos compreender e respeitar a sua decisão, pois, não temos o direito de interferir, a não ser que desrespeitemos a lei do livre-arbítrio.

– Que faremos sobre o pedido dele, em referência a sua parte da herança? – interveio Amaro.

– Em relação a dinheiro, sabe meu pai, que não mantenho qualquer apego a coisas materiais. Entretanto, é lamentável essa preferência, porque ele vai fazer disso o seu futuro, mas sem méritos. Quando deveria ele mesmo lutar e concretizar os seus ideais.

– E você Zilda, o que me diz?

– Para esse fim, eu não liberaria nenhum centavo para ele! Onde já se viu, herança com pais vivos? Isso pode até ocorrer, quando há um planejamento mais acurado do que se quer realizar. Entretanto, pelo tempo que está trabalhando, Júlio não dispõe de qualquer experiência em negócios...

- Zilda, - interrompeu Amaro - eu não posso argumentar isso com ele, porque eu, também, não tinha qualquer experiência quando comecei.

- Você começou dando o primeiro passo e adquiriu experiência ao longo do tempo. Como Júlio poderá começar já do alto? Será que já se constrói uma parede, começando na parte de cima e terminando embaixo? Ele pode até tentar começar de cima, mas com tanto dinheiro em mãos, logo a queda será inevitável!

Embora os argumentos de Zilda fossem muito mais para desmotivar Amaro a ponto dele não ceder, porque não desejava ficar longe do filho, ela não estava errada. Mas, ainda assim, Amaro se demonstrava propenso a atender o filho. Entretanto, não desejava resolver isso sozinho, pois seria um ato de prepotência, já que o assunto era abrangente à família. Assim, depois de ouvir Zilda, voltou-se para Laura e perguntou:

- Que acha, realmente, dessa situação?

- Sem querer ser pessimista, acho que não vai ser fácil para ele, porque, como disse mãe, tanto dinheiro em mãos e sem experiência para administrá-lo... Júlio gosta de estar rodeado de amigos e para se reafirmar como uma pessoa rica, conforme eu soube recentemente, quando acompanhado por amigos, não deixa ninguém pagar nada, por alta que seja a conta! Queira Deus que ele não imite o filho pródigo da parábola de Jesus. Reitero que, quanto a mim, o dinheiro tem passagem livre, porque em minhas mãos ele se torna um passageiro, cujo destino será sempre onde há necessitados para socorrer.

Todavia, não obstante as ponderações e os pedidos insistentes sob lágrimas de Zilda, Amaro, lembrando-se da informação dos espíritos de que na existência anterior, havia retido os filhos ao seu lado, sem deixá-los seguir o próprio destino, conforme já citado anteriormente por Laura, acabou satisfazendo a vontade de Júlio. Assim, logo que conseguiu a documentação necessária, Júlio se despediu da família, seguindo rumo ao desconhecido.

Depois da partida de Júlio, consciente de que nada poderia fazer, dada a situação íntima do irmão, Laura passou a fazer uma análise da situação dos demais, sobretudo os ex-sócios de Amaro. O primeiro que lhe veio à mente foi Desidério. Contudo, àquela altura, ele já causava satisfação aos filhos, pois já havia assimilado a verdade sobre a existência de Deus e, da mesma forma, a importância do desapego aos bens materiais. Não poderia ser diferente, por ele ter vivenciado as amarguras dos malefícios causados pelo apego aos bens materiais. Assim, depois de repassar e analisar a situação de Desidério, Laura concluiu que, doravante, ele não mais causaria preocupação, pois afinal, havia aprendido com a dor.

Aí, então, ela passou a analisar a situação de Casimiro, mas este, bem mais maleável do que Desidério, desde quando recebera a visita de Amaro no presídio e, posteriormente, passara a ouvir esclarecimento de Laura e Joseane, já parecia outra pessoa, se comparado fosse com o seu comportamento de antes. A dor, mestra que ensina com um pouco mais de rigor, fê-lo compreender o quanto se encontrava enganado e, àquela altura, além do desapego ao dinheiro, já compreendia e assimilava com raciocínio lógico, as razões pelas quais, justifica-se a existência de Deus. Contente com a sua análise, Laura esboçou um dos seus costumeiros sorrisos e falou para si mesma:

"Eu pensava que os piores problemas a serem resolvidos, se encontravam fora da minha família, mas me enganei" – refletiu pensando no irmão, Júlio, pois já haviam se passado dois meses da sua partida, sem enviar qualquer notícia.

– Pensativa, amiga?

Laura olhou na direção da porta da sua sala de trabalho, onde se encontrava, e vendo Joseane entrando, respondeu:

– Acertou, amiga! Eu aproveitei este fim de tarde para fazer uma análise da situação em relação ao nosso trabalho de reconciliação e união pelo amor fraterno e fiquei muito contente porque a única pendência agora é Júlio. Entretanto, eu tenho a impressão de que ele poderá aprender com a dor. Espero que não, mas isso está bem visível nas suas predisposições.

– Laura, não é somente Júlio! Eu acho que você se esqueceu de alguém!

– Quem, Joseane?

– Dona Fausta! Ela não está nada bem.

– É verdade! Percebi isso desde o dia que fomos avisá-la sobre o retorno de seu Desidério, mas preferi ficar à parte por se tratar de um problema que a própria família teria que resolver.

– Segundo Beatriz, depois que ela e os irmãos decidiram residir com o pai, a mãe se entregou à revolta e à amargura, de tal forma que, sem ajuda, não sairá da difícil situação.

– Vou pensar em algo que possa chamar a sua atenção, sem que seja preciso tocar em seus melindres.

Terminou de falar e silenciou pensativa. Joseane, que já conhecia esse tipo de reação da amiga, também silenciou e ficou aguardando, pois previa que Laura encontraria um caminho viável para chegar a Fausta e, possivelmente, alcançar êxito nas suas intenções. Assim foi que, passados alguns minutos, Laura falou:

– Chegarei a ela através de uma ponte que se chama Amaro!

– Seu Amaro, mas como?

– Você saberá, amiga!

CAPÍTULO 21

PACIFICANDO CONSCIÊNCIAS

Fé raciocinada: canal por onde fluem bênçãos divinas.
Dizzi Akibah

AUTOCONFIANTE E SE sentindo apoiada pela fé divina, Laura se dirigiu à casa de Fausta, tocou a campainha disposta a ouvir com tolerância e paciência, desabafos ou algo pior, como Fausta não a deixar entrar na casa:

– Quem é? – perguntou impaciente e completou – não estou para ninguém!

– Sou eu, Laura, dona Fausta! Não há em mim qualquer propósito de incomodá-la, pois estou aqui na condição de portadora de uma informação que, certamente, vai lhe agradar. Mas isso depende da senhora me conceder alguns minutos de paciência!

– Essa moça é muito insistente – falou, contrariada, para si mesma.

Abriu a porta e de presente Laura lhe ofereceu o seu belo e costumeiro sorriso:

– Obrigada, dona Fausta!

– Entre! – falou de cenho fechado.

Laura deu apenas dois passos adentro na sala e ali mesmo resolveu ficar, pois se Fausta lhe mandasse sair, como fez com Joseane, já estaria bem junto à porta. Entretanto, a dona da casa olhou para ela e disse:

– Pode se sentar, se quiser.

– A informação que lhe trago é de certo modo, muito boa! Seu Desidério resolveu participar do grupo de estudo do Evangelho e isso...

Sequer completou a frase, porque Fausta interrompeu--a desdenhosa:

– É isso que você diz ser uma boa informação? Não me interessa a vida dele! Que faça ou deixe de fazer o que bem imaginar. Você, Laura, é uma moça de educação fina, reconheço! Contudo, é muito insistente! Será que não consegue compreender a situação que ele criou para mim e toda minha família? O que eu preciso é de dinheiro, o suficiente para voltar à minha vida de antes. Ele tem? Claro que não, porque jogou fora toda oportunidade dada por Amaro, seu pai, e por isso me encontro aqui, quase em miséria, pois tenho apenas o alimento, fruto do trabalho dos meus filhos. E, para piorar a situação, eles também me abandonaram preferindo viver ao lado do pai, que nada mais é do que um presidiário em liberdade, sem talvez ter pago pelo crime cometido.

Falou e abaixou a cabeça, dando a entender que a conversa estaria encerrada. Todavia, Laura com a mesma paciência que cultivara, desde quando passara a ouvir as queixas e lamentos dos necessitados do local onde residia, voltou a falar, sem qualquer afetação, pelo que acabara de ouvir:

– Eu, também, alguns anos atrás, me deixei conduzir pela revolta e insatisfação, quando foi tirado do meu pai, o que a ele pertencia de fato e de direito. Entretanto...

Depois de citar os piores momentos que havia experimentado e explicado, detalhadamente, como havia saído de tal situação, complementou:

– Como a senhora acabou de ouvir, foi a descoberta do real valor da vida que ajudou a me livrar da amargura que tanto alimentei, por falta de determinados conhecimentos. Assim, pude concluir que bens materiais, mesmo considerados de alto valor, não nos pertencem, já que não conseguimos levá-los quando a morte nos retira de cena da vida física, o que difere muito da verdadeira riqueza, que podemos começar a cultivá-la procurando ser, hoje, melhor do que ontem e amanhã melhor do que hoje, dentre outras aquisições, como a capacidade de perdoar ou pedir perdão, querer para os outros somente o que desejamos para nós, amar a Deus sobre todas as coisas e ao próximo como a nós mesmos.

Depois de observar que Fausta demonstrava impaciência, ela tratou de voltar ao assunto inicial sobre Desidério:

– A decisão de seu Desidério, em relação ao estudo do Evangelho, não é importante somente para ele, mas também para mim e meu pai, já que nos interessamos pela sua recuperação. Por isso mesmo, resolvemos, caso ele prossiga demonstrando interesse para com as lições luminosas de Jesus, e também tentando se livrar da ganância pelo dinheiro, como já vem fazendo, nós vamos recolocá-lo em uma das empresas. Estamos e continuaremos a observá-lo e, tão logo sintamos que a sua decisão atinja um determinado ponto, que demonstre a impossibilidade de voltar atrás, ele passará a caminhar conosco em harmonia, quer no trabalho em prol da vida física e, sobretudo, da espiritual que é a verdadeira vida!

Ouvindo isso, Fausta chegou a ensaiar um sorriso, mas Laura prosseguiu explicando:

– Contudo, há um detalhe a ser considerado: é o merecimento da família. Beatriz, Caetano e Francisco já estão buscando a melhoria de si mesmos, porém, ainda falta alguém, porquanto, se a justiça divina, no tocante ao sentido moral, não cobra de quem não deve, também não beneficia a quem não tem direito.

– Falta alguém? A quem você se refere?

Em vez de responder à pergunta, Laura preferiu amenizar, para que a verdade não fosse recebida como ofensa:

– Dona Fausta, estar rico ou pobre são provas que, por sua vez, estabelecem meios de educação moral, com vistas ao desenvolvimento espiritual. Por isso mesmo, numa ou noutra situação, é preciso compreensão e paciência para poder, no final, usufruir dos bens conquistados. É aí que descobrimos se já merecemos, ou não, o que almejamos. Aprendermos, no caso, a estarmos ricos sem nos permitir ao apego, ao orgulho e à insensibilidade para com os mais necessitados. E a estarmos pobres sem nos deixar conduzir pela inconformação, amargura, revolta, inveja e despeito.

Ela fez uma pausa, esperou a possível reação de Fausta que talvez, pela informação que Desidério retornaria ao trabalho, junto a Amaro, reagisse positivamente, o que demorou apenas alguns segundos, porque logo ela perguntou com demonstrações de cordialidade:

– Então, Laura, sou eu?

– Não me sinto à vontade para responder essa pergunta. Prefiro, então, que a senhora mesma tire as suas conclusões.

Silenciou, dando a entender que já havia dito o que pretendia. Percebendo isso, Fausta voltou a perguntar:

– O que tenho então a fazer?

– Examine o seu íntimo, procure identificar o que mais lhe incomoda e substitua por sentimentos melhores usando sempre a paciência e a esperança.

– Se eu encontrar dificuldade, você me ajuda?

– De acordo com as minhas possibilidades, tantas vezes quantas a senhora desejar.

Laura se levantou para sair, mas Fausta fez a seguinte pergunta:

– Posso, então, lhe fazer o primeiro pedido?

– Como queira – respondeu Laura sorrindo.

– Perdoe-me os desagrados que lhe impus nos meus piores momentos!

– Nada a perdoar, porque uma das maiores conquistas que compõem a verdadeira riqueza é a de não se deixar afetar por ofensas. Por isso, garanto que nunca me senti ofendida pela senhora. Sugiro, todavia, que se perdoe!

– Obrigada, Laura, já tenho em mente o primeiro passo a ser dado. Você saberá!

Laura se despediu e, tão logo ela saiu, Fausta falou para si mesma:

"Essa moça... É muito difícil encontrar um coração com tanta bondade!"

* * *

ENQUANTO LAURA CONVERSAVA com Fausta, uma outra ocorrência considerada positiva registrava-se na casa de Rômulo, que recebia com muita surpresa, uma dupla visita: ouvindo alguém chamando lá fora ele foi abrir a porta, convicto de que aquela voz não lhe era estranha e ao perceber quem eram os visitantes, se emocionou a ponto do coração pulsar aceleradamente, pois se tratava de Casimiro e Desidério. Para ele, não poderia ser diferente, já que a última vez que os vira foi, justamente, quando haviam se desentendido, a ponto dele ser expulso da sociedade comercial, conforme já narrado. Enquanto abria a porta, ele falou para si mesmo:

"Oh Deus, sou grato por esta oportunidade de poder provar a mim mesmo se os perdoei conforme os ensinamentos de Jesus, o seu mensageiro divino."

Já em frente àqueles que poderia, ante as circunstâncias, considerá-los inimigos, soltou a costumeira e estridente gargalhada e, em seguida, exclamou à toda voz:

– Ora, ora, mas quem eu vejo! Conforme o dito popular, "quem está vivo sempre aparece"!

Depois que os visitantes já estavam na sala, sentados, Rômulo sentou-se bem junto a eles. Apesar de ter percebido a boa receptividade, Casimiro puxou conversa, pausando as palavras, aparentemente cuidadoso com o que pretendia expressar, naquele momento, tanto para ele quanto para Desidério, difícil, pois se já traziam a consciência intranquila, piorou ante a reação de Rômulo, pois imaginavam que seriam tratados com frieza. Entretanto, recebidos com demonstrações de alegria, sentiram-se envergonhados pelo modo rude com que o haviam, antes, tratado.

– Rômulo, nós viemos procurá-lo, por necessidade de sermos ouvidos por você. Chegamos aqui, cheios de receios, mas um tanto preparados para a sua reação que, mesmo se fosse ostensiva, entenderíamos! Contudo, você acabou nos recebendo com visível alegria, o que nos fez sentir pequenos, ante você. Mas, apesar disso, sinto-me mais à vontade para lhe fazer um pedido: que me perdoe!

– Oh, Casimiro! Como perdoá-lo, sem haver motivo? Compreendo que em vez de me ofender, tanto você quanto Desidério, me colocaram no lugar que eu merecia, pois precisava passar pelos mesmos dissabores que todos nós, juntos, impusemos a Amaro. Fique certo de que esta visita trouxe-me bastante alegria.

Casimiro, enfim, abriu o cenho e sorriu contente, porquanto, acabava de retirar do coração o mal-estar que sentia, provocado pela amargura. Ele silenciou, pensativo, e Desidério, então, tomou a palavra:

– Velho companheiro de lutas, me senti, realmente, surpreendido, conforme expressão de Casimiro, porque, certamente, não me dei conta de que, desde quando você fez a apresentação de Hilásio, eu passei a notar a sua tendência para o bem. É verdade que vim com o objetivo de lhe pedir perdão, todavia, entendo agora, que não há necessidade, pois no seu coração é possível que não haja mais lugar para guardar mágoa ou ressentimento e também por crer que você já me perdoou no silêncio da sua bondade.

– Ora, Desidério! Jesus, o ser mais perfeito que passou pela Terra, deu a seguinte resposta a alguém que havia lhe tratado de bom mestre: "por que me chamas de bom, se bom mesmo só há um que é Deus"? Diante disso... Pobre de mim, que ainda nem dei o primeiro passo para chegar à bondade!

– Pobre de nós – respondeu Desidério e prosseguiu explicando – eu, por exemplo, para despertar o interesse de ouvir falar sobre a existência de Deus, precisei passar por uma dura lição e ainda assim, não fosse a constante ajuda de Laura, Joseane e ultimamente, dos meus filhos, eu continuaria na mesma descrença e ainda pior, porque me sentia humilhado na condição de condenado por um crime. Agora, entretanto, já compreendo que eu me encontrava dormindo na ilusão e passando por longo pesadelo, que era a preocupação cada vez maior de ter! O dinheiro era o meu deus e isso me bastava! Felizmente, passou, pois além de ter mudado o meu pensamento em relação a Deus e ter destronado o dinheiro, não só creio, mas tenho certeza, principalmente da Sua paternidade. E digo mais: vou em frente, tendo isso como meu principal objetivo de vida, pois estou disposto a enfrentar o que vier, sem permitir que nada atrapalhe o meu novo objetivo: amar a Deus sobre todas as coisas e ao próximo como a mim mesmo.

Depois de pedir licença, Rômulo disse, já saindo da sala:

– Volto já.

Ele se dirigiu ao interior da casa. Vendo-o se aproximando, Gabriela perguntou com quem ele tanto conversava e, ele, então, falou em bom tom:

– Venham todos!

Chegando à sala, e vendo de quem se tratava, mesmo tentando serem discretos, não conseguiram esconder os sinais de espanto, imprimidos no semblante e no olhar. Entretanto, compreendendo bem a lição de Jesus em referência ao perdão, cumprimentaram os visitantes com atenção e cordialidade. Desidério e Casimiro, todavia, não conseguiam compreender como aquela família, que fora afetada por ações maldosas por eles praticadas, poderia recebê-los com atenção e gestos claros de cordialidade e consideração. Eles ainda não haviam alcançado o estado íntimo de quem já não se deixa afetar pelo mal que lhes tentem fazer. Afinal, o mal somente afeta quando abrimos a porta imaginária do coração e deixamo-lo entrar, o que já não era mais o caso da família de Rômulo. O exemplo de compreensão e fraternidade não deixou de afetar positivamente o íntimo dos visitantes, que deixaram a casa se sentindo leves e alegres. Afinal, somente o bem faz bem. Assim, os acontecimentos iam se sucedendo rumo à reconciliação e união, como denota o diálogo que aconteceu naquela mesma semana:

– Creio que este seu sorriso, Beatriz, prenuncia boa notícia para hoje! Estou certa?

– Certíssima, Laura! Aconteceu o que eu já havia até perdido a esperança: mãe, ontem, foi procurar pai para se reconciliar. Ela parecia outra pessoa! Fiquei muito curiosa por que como pode alguém de um dia para o outro mudar daquele jeito? Tanto que, ainda esta semana, eu e meus irmãos retornaremos à casa.

Laura sorriu. Mas enquanto sorria agradecia à espiritualidade maior, em nome de Jesus, por ter servido de instrumento para que a ajuda do alto tocasse o coração de Fausta. Mas isso não passou despercebido por Beatriz que já compreendia as reações da amiga e, para comprovar, perguntou:

– Acho que você, Laura, tem algo a ver com isso. Estou certa?

– Por que você pensa assim?

– Além de observar as suas reações, ao conversar com pai, mãe falou seu nome pelo menos três vezes. Foi ou não você?

– Não, Beatriz. Foi a bondade de Deus que num momento de sensibilidade afetou positivamente a sua mãe.

Laura, dentre outras, reunia duas importantes qualidades: a modéstia e a simplicidade, que não lhe permitiam atribuir a si mesma o bem que fazia. Assim, as sementes colhidas no Evangelho de Jesus, postas nos corações que já haviam se livrado da aridez, iam aos poucos germinando e florescendo em forma de esperança. Afinal, tudo caminhava segundo o objetivo da espiritualidade, tendo na dianteira o olhar amoroso de Jesus, o mestre divino de todos nós.

CAPÍTULO 22

CONVERGINDO PARA O BEM

A dor é mecanismo divino que desfaz os pesadelos da ilusão. Em vez de repudiá-la, aceite-a com paciência e gratidão.
Dizzi Akibah

UM SÁBADO QUE não seria facilmente esquecido, pois naquele dia seria inaugurado um salão de amplas proporções, construído bem próximo à casa de Amaro, o qual recebeu, por ideia de Laura, o nome de Lar de Todos. Isso por causa do objetivo que era reunir tantos quantos se interessassem em participar do estudo do Evangelho e dos conhecimentos ensejados pelas obras literárias da codificação da doutrina dos espíritos. Assim foi que, Amaro, Zilda e Laura, ao terminarem de arrumar o salão para receber os visitantes, viram com surpresa, entrando no salão mais de vinte pessoas, dentre os moradores do lugar. A surpresa se deu, pelo fato de não terem, sequer imaginado que isso ocorreria, já que não mantinham o hábito de induzir as pessoas a aderirem a sua crença. Entretanto, a maior surpresa estava reservada com a chegada ao local de Desidério, Fausta, Casimiro e Marialva.

Vendo-os ali, Amaro levantou-se e foi recebê-los com demonstrações de satisfação e alegria. A alegria que demonstrava estar sentindo, além da satisfação de vê-los interessados no bem, era uma prova de que os perdoara, conforme as orientações de Jesus.

O contentamento era visível na fisionomia de todos os visitantes. Contudo, percebendo que o estado psíquico da sua mãe, Zilda, não se encontrava em harmonia com a vibração do ambiente, Laura perguntou:

– Mãe, por que está triste e alheia ao ambiente?

– Repare, Laura, como tudo parece estar caminhando para o objetivo desejado. Entretanto...

Ela parou de falar, enxugando com um lenço as lágrimas que começavam a fluir.

– A sua tristeza, mãe, chama-se Júlio! Não podemos perder a esperança, porque, caso contrário, estaríamos descrentes das providências divinas que não desamparam! Socorrem os que se encontram à margem do bem, mesmo quando esse socorro se chame dor.

– É justamente disso que tenho receio. Que mãe consegue estar bem, vendo um filho sofrendo?

– A dor, mãe, é um freio! Se assim não fosse, Deus não permitiria.

– Minha dor maior é saber que, agora, só falta um e o que falta é justamente o meu filho!

– Antes de ser seu filho, como todos nós, Júlio é filho de Deus. Sossegue, mãe, Júlio voltará! Um dia desse aí pela frente, quando menos esperarmos, por necessidade, ele procurará o aconchego do lar que, em vez de honrar e agradecer a Deus, preferiu alimentar a vaidade e o orgulho, deixando para trás, não apenas a casa, mas a todos da sua família, mostrando a face da indiferença. Por isso mesmo, eu penso que ele voltará e, quando isso ocorrer, estará no ponto certo para descobrir o valor da vida e, sobretudo, compreender que Jesus é o caminho que, além de nos despertar das ilusões, conduz-nos à união pela fraternidade...

Foram interrompidas por Amaro, chamando atenção para o início do estudo. O tema, oportunamente escolhido, fora o perdão. Como havia mais de três dezenas de participantes, foram formados grupos que contavam com a participação dos jovens, pois, no entendimento de Laura, isso facilitaria o entendimento e uma melhor integração dos que se encontravam na condição de iniciantes, uma vez que os jovens em referência já portavam, àquela altura, considerável conhecimento das lições luminosas de Jesus.

Para encerrar o estudo, Hilásio, com vasto conhecimento do Evangelho, teceu considerações sobre o tema, facilitando o entendimento de todos. Seguindo as atividades referentes à inauguração do Lar de Todos, conforme Amaro já havia anunciado, Ester fez uma bela e profunda exposição sobre o mesmo tema, enfatizando a importância da ação de quem pede e quem concede, conforme indicação de Jesus, com a clareza de interpretação ensejada pela doutrina espírita, o que acabou tocando a sensibilidade de todos. Tanto que, depois de encerrada a palestra, Casimiro e Desidério, visivelmente emocionados, se dirigiram a Amaro.

Passando um lenço no rosto, certamente, enxugando algumas lágrimas, Desidério começou a falar:

– Você deve estar lembrado do dia em que nos visitou, lá no presídio, quando eu, cheio de vergonha, pedi que me perdoasse e você afirmou que isso já havia acontecido. Creio, sem qualquer dúvida na sua capacidade de perdoar. Entretanto, eu... aliás, nós, já que a minha intenção coincide com a de Casimiro, desejamos refazer o pedido de perdão, pois naquele dia não tínhamos consciência do que estávamos lhe pedindo, por causa do desespero que dominava nossos sentidos. Neste momento, porém, eu já consigo compreender que é necessário, antes de pedir perdão, estar convicto de que já assimilou o significado e a importância dessa concessão.

Antes que Amaro se expressasse a respeito do assunto, Casimiro, ávido para se expressar, tomou a palavra:

– Meu sempre benfeitor, faço minhas as palavras de Desidério e fique certo de que, a custo de humilhação, lágrimas e vergonha de mim mesmo, aprendi a lição. E, já que não vivemos aqui, apenas uma vez e que a vida nunca se extingue, conforme disse-me sua filha Laura, levarei essa preciosa lição, tempo afora e, ante esse novo entendimento, o meu interesse ou nosso, já que Desidério também pensa assim, jamais será o mesmo de antes, ligado a bens materiais, pois que, ainda conforme palavras de Laura, ao extinguir a vida física nada levaremos, a não ser o bem que, porventura, tenhamos praticado.

– Fiquem tranquilos e tentem pôr tudo isso no passado, porque a vida nos pede constante renovação. Creio que daqui para frente estaremos seguindo pelo mesmo caminho que conduz à fraternidade.

Encerrada a conversa, Amaro fez uma saudação a todos agradecendo pelas presenças e, no final, recomendou:

– No próximo sábado, no mesmo horário estaremos reunidos mais uma vez, para juntos aprendermos a selecionar as sementes antes de colocarmos no terreno do nosso coração, para que a colheita jamais nos seja uma desagradável surpresa. Agora, vamos nos deliciar com as guloseimas que foram preparadas, especialmente para esta ocasião.

Na semana seguinte, Laura convidou Desidério e Casimiro para uma conversa, cujo assunto era de interesse tanto para ela e Amaro quanto para eles. No dia seguinte à tarde, eles chegavam à sala de trabalho de Amaro que, ao lado de Laura, esperava por eles:

– Bem, – disse Amaro, ao vê-los – estou satisfeito por terem atendido o nosso convite, que não se restringe, apenas, à vinda de vocês aqui. É extensivo! Mas a conversa inicial é com Laura. E, enquanto isso, aproveito o tempo para algumas providências em outro setor.

Logo que Amaro deixou a sala, Laura começou a falar:

- Antes de qualquer outra coisa, peço aos senhores que procurem esquecer o passado, para que lhes seja possível fixar essa nova fase das suas vidas, nas decisões que ambos vêm adotando.

Depois de rápida pausa, ela prosseguiu:

- Desde as primeiras vezes que fui visitá-los, quando detidos, eu passei a identificar sinais de uma nova tendência, o que me deixou convicta de que os senhores recomeçariam um novo modo de viver, porque o aniquilamento da descrença na existência de Deus, estava para ocorrer. Inicialmente, observei-os interessada a ajudá-los no sentido de consolá-los e gerar uma nova esperança. Posteriormente, a minha observação continha o objetivo de sempre unir e nunca separar. Agora, entretanto, que a principal e mais importante união já está bem encaminhada, pois os senhores se encontram decididos à busca da riqueza interior que, como disse Jesus, "o ladrão não rouba e a ferrugem não destrói", pensamos em complementar, trazendo-os de volta às funções que exerciam antes.

Casimiro e Desidério, cheios de surpresa, se entreolharam e, talvez, por se sentirem emocionados, silenciaram cabisbaixos. Laura por sua vez também silenciou aguardando resposta, mas logo o silêncio foi interrompido por Amaro, que retornava à sala e estranhando o fato de todos estarem calados, falou sorrindo:

- A emoção deve ser controlada a bem da firmeza que as decisões requerem.

Ele havia combinado com Laura que, ao chegar ao ponto onde ela formulasse a proposta para o retorno dos amigos, parasse, pois o restante da conversa seria com ele. Por isso mesmo, depois de já acomodado na sua cadeira, ele voltou-se para Casimiro e Desidério e perguntou:

- E então, que têm a me dizer diante do que ouviram de Laura?

- Estou realmente emocionado e crente de que Deus é mesmo misericordioso e penso que a Sua misericórdia nos chega através de bons corações, como o seu e o de Laura. Entretanto, não posso e não devo aceitar a proposta feita por Laura, de voltar a atuar na condição de sócio, como fora antes. Mesmo reconhecendo que tanto você quanto Laura sabem o que fazem, penso que seria um erro depositar em mim a mesma confiança do passado. Entendi e aceito o que ela disse sobre a nova disposição das mudanças interiores, que eu e Casimiro atualmente nos propomos, pois a nossa pretensão, doravante, é ressurgir dos escombros morais, na condição de pessoas focadas no bem, já que a lição foi dolorosa. Mas peço, encarecidamente, que me livrem do perigo e da tentação que podem ainda se encontrar em mim e por isso mesmo, eu recaia nos mesmos escombros morais que falei há pouco.

– Entendi, Desidério! Respeitamos a sua decisão, mas devo alertá-lo que não é bom perder a confiança em si mesmo, principalmente no presente caso, porquanto eu e Laura estamos seguros de que não estaríamos cometendo erro. Nesse caso, você mesmo escolherá a sua função, mas que isso lhe deixe bem e focado, sempre nas melhores esperanças e realizações.

Depois de uma breve pausa, Amaro olhou na direção de Casimiro e perguntou:

– E você, Casimiro, também perdeu a confiança em si mesmo?

– Acho que a perdi, mas sinto, agora, que ela está renascendo! Por isso mesmo, faço minhas as palavras de Desidério, pois também eu ainda não posso correr esse risco. Para mim, a satisfação e a alegria que sinto neste momento, pela oportunidade que vocês estão me dando de voltar a convivência com pessoas do nível moral tais quais você e Laura, já é muito para o meu merecimento. Basta-me atuar em qualquer função das mais simples, ombreando com os funcionários de qualquer setor e me confessarei grato, muito grato!

Laura se levantou e disse em bom tom:

– Então, sejam bem-vindos! E quando se sentirem em condições de voltar à sociedade comercial, como era antes, nos avisem!

Laura sentia-se alegre, já que foi com a possibilidade do retorno de Desidério à empresa, onde antes atuava, que motivou Fausta a sair do estado psíquico em que se encontrava, para uma nova esperança, a ponto de ter decidido participar do estudo do

Evangelho. Entretanto, no sábado daquela mesma semana, estranhou ao ver Desidério entrar sozinho no salão e se aproximando dele, perguntou-lhe:

– Dona Fausta está bem?

– Oh, Laura! Desde que ela soube que eu não aceitei voltar às atividades na qualidade de sócio, está revoltada. Ela imaginava que iria retornar ao meio social de antes, mas ao perceber que isso não mais ocorrerá, está raivosa e insatisfeita de tal maneira que, sequer se dirige a mim.

– E o que o senhor pretende fazer diante dessa situação?

– Eu não devo perder o equilíbrio emocional e o bem-estar que o estudo do Evangelho está me proporcionando, por causa de caprichos de Fausta. Já que o problema é dela, a solução deve estar nela mesma.

– É uma pena, porque ela já se demonstrava participativa durante o estudo, mas...

Silenciou por instante e disse em seguida:

– Há sempre um caminho e eu vou descobrir qual será o mais viável, para ajudá-la a se livrar dessa dependência.

Entretanto, enquanto este diálogo acontecia, Fausta, lembrando-se de Celeste, a quem antes considerava a sua melhor amiga, aproveitou a ausência de Desidério e também dos filhos menores, que se encontravam na casa de uma tia, vestiu-se com a melhor roupa que tinha, e foi procurá-la na esperança de retornar ao mesmo meio social de antes, caso fosse aceita. Todavia, ao chegar à casa de Celeste, ansiosa, na expectativa de ser tratada com a mesma cordialidade de antes, foi recebida com frieza e certo constrangimento. Chegando à porta para atendê-la, Celeste, com demonstrações de contrariedade, sem sequer convidá-la a entrar, foi logo falando:

– Fausta, você chegou na hora errada, porque eu estou esperando visitas! E nem posso convidá-la a entrar, porque a sua presença poderá desagradar às pessoas que aqui estarão, por causa da sua atual situação! Espero que você considere o nível, porque o seu, agora, é outro e seria uma distorção. Se você estiver precisando de mim, volte aqui outro dia, que eu poderei lhe dar uma ajuda.

Fausta, empalideceu e mesmo se sentindo mal, falou cortando as frases por causa do descontrole emocional:

– Não, Celeste! Eu não estou precisando de você e nem de ninguém. Vim aqui, imaginando ser sincera a amizade que você demonstrava, mas agora posso perceber que se tratava, apenas, de fingimento e falsidade, escondidos por trás de uma máscara. Cuidado, Celeste, porque o pedestal onde você imagina estar pode ser ilusório e, como eu mesma, que dele caí com o tropeço do meu marido, pode ocorrer, também, com você e com quem pensa igual.

Desviou o olhar e depois de instantes, disse, já saindo:

– Passe bem!

Logo que se afastou da casa de Celeste, Fausta deu vazão à dor moral que a recusa da amiga de outrora havia lhe causado e começou a chorar. Um jovem que passava no local, vendo-a assim, aproximou-se e perguntou:

– Senhora, está se sentindo mal? – como Fausta não respondeu à pergunta, ele prosseguiu falando – seja qual for o motivo, não se entregue ao desespero! Afinal, Deus existe e sendo Ele pai de todos nós, não despreza nenhum dos Seus filhos, principalmente nos piores momentos.

Ele silenciou por instantes. Mas já que ela prosseguiu em silêncio e vertendo lágrimas, ele voltou a falar tentando consolá-la:

– Seja o que for, tenha paciência, porque isso vai passar, como todas as coisas ruins ou até mesmo as boas passam, porque a vida pede sempre renovação. Quando um jeito de viver não dá certo, por causa de alguma circunstância, melhor deixá-lo para trás e adotar outra maneira de encarar a vida, conquanto que, não se trate de ilusão, porque somente a verdade, como disse Jesus, nos libertará.

Fausta, ante a expressão de bondade do jovem, lembrou-se do filho Caetano que, muitas vezes, havia tentado conversar com ela, mas sem êxito, porque não queria ouvi-lo e disse, dirigindo o olhar para ele:

- Obrigado, jovem! As suas palavras me servirão de incentivo para mudar o meu modo de viver e acompanhar meus filhos e meu marido que, neste momento, se encontram reunidos para o estudo do Evangelho. Até você se aproximar de mim com toda essa bondade, eu me encontrava iludida, na contramão de todos que me cercam. Mas agora, vou acertar o passo. Deixe-me abraçá-lo!

Abraçou, demoradamente, o jovem e, em seguida, lhe perguntou o nome.

- Meu nome é Jocélio e o da senhora?

- Fausta.

- Eu era criança, mas ainda me lembro que a minha mãe tinha uma amiga com este nome.

- Qual o nome da sua mãe?

- Celeste! Eu moro ali, bem pertinho daqui. A senhora está melhor?

Fausta nem teve voz para responder à pergunta. Por isso mesmo, meneou positivamente a cabeça.

- Eu tenho que ir, porque minha mãe quer reunir toda a família para receber as suas visitas. Eu, particularmente, não gosto desse tipo de requinte, porque acho ser tudo mera ilusão. Mas ela é a minha mãe e o amor que sinto por ela não me permite desagradá-la, embora eu saiba que já passou da hora dela acordar das ilusões.

- Vá, meu filho! E tenha certeza que você me deu uma grande ajuda! Espero vê-lo outras vezes.

O rapaz saiu e Fausta ficou plantada no mesmo lugar pensando: "como pode isso acontecer? Esse menino é filho de gente rica, educado por pais que, como eu mesma, sequer se interessam em saber se Deus existe!".

No final do estudo daquele dia, Laura já tinha uma ideia de como ajudar Fausta, a ponto de despertá-la da ilusão em que vivia. Mas como durante a semana não houve tempo para procurá-la, foi surpreendida no sábado seguinte, ao vê-la entrando no salão ao lado de Desidério que, até então, não havia conseguido compreender a mudança repentina que ela passara a demonstrar. Mas, mesmo que tentasse não conseguiria descobrir, já que Fausta preferiu guardar segredo da decepção que experimentara ante Celeste. Afinal, se a amiga de outrora a havia humilhado, o próprio filho sem nada saber, consolou-a e lhe proporcionou uma boa orientação.

CAPÍTULO 23

NA ALEGRIA E NA DOR

A esperança é o combustível da paciência
para quem já sabe esperar.
Dizzi Akibah

À PROPORÇÃO QUE Laura se desenvolvia e adquiria experiência com o objetivo de assumir a direção geral das empresas, Amaro, motivado pela situação emocional de Zilda, que já demonstrava sinais de uma provável depressão, pela falta de notícias de Júlio, propôs uma viagem a passeio e escolheu o Ceará, terra natal de ambos, prevendo que o reencontro de Zilda com parentes consanguíneos, que não via há muitos anos, seria para ela uma higiene mental. Assim, eles foram ao encontro não somente dos parentes, mas também de amigos que o tempo não os fizera esquecer. Enquanto isso, ele observava as reações da esposa e, com aproximadamente um mês de constantes passeios, acabou descobrindo que os gestos de alegria e a aparente satisfação que Zilda demonstrava eram, na maioria, dissimulação, pois na verdade, para ela só havia um remédio: Júlio. Ainda assim, antes da viagem de retorno, ele perguntou-lhe:

– Então, Zilda, sente-se melhor?

– Apenas grata, pelo seu esforço de me ver bem. Entretanto, Amaro, em vez do Ceará, nós deveríamos ter ido a Coimbra em Portugal.

– Por que Coimbra?

– Júlio disse a Laura, antes de viajar, que iria residir em Coimbra.

– A mim ele disse, apenas, que iria para Portugal. Mas se você deseja, que a sua vontade seja feita. Todavia, que certeza podemos ter de que o encontraremos?

No intuito de motivar Amaro, Zilda argumentou:

– Ora, se ele foi com intenção de se tornar um empresário e levou tanto dinheiro para isso, a essa altura já deve ser bastante conhecido, pelo menos no meio empresarial da cidade, o que facilitará a sua localização.

Alguns dias depois, eles chegavam a Coimbra e Zilda, cheia de esperança, já havia mudado a fisionomia, antevendo o momento em que apertaria o filho num abraço, reaproximando-o do seu coração para matar a saudade, conforme era o seu maior desejo. Todavia, logo nas primeiras tentativas de reencontrá-lo, ela começou a perceber que toda a sua expectativa poderia ser frustrada, o que realmente aconteceu, pois depois de vários dias buscando informações, sem êxito, compreenderam que a viagem motivada pela esperança acabou em frustração, deixando a mãe saudosa, em situação íntima bem pior do que antes. Entretanto, Amaro, desde quando fora exemplificado por Laura, conforme já narrado, passara a compreender que diante de qualquer situação difícil, a melhor terapia se encontra no trabalho, principalmente, direcionado ao próximo. Tanto que, ao retornar da viagem a Portugal e ver a rua pavimentada, a praça, antes conhecida como largo do lixo, reformada conforme idealizara, conseguiu, apesar das preocupações com Zilda e o desaparecimento do filho, sorrir contente. A sua satisfação se prendia à expectativa de ver alegria e contentamento na fisionomia de cada um dos moradores. Vendo-o assim, Zilda comentou:

– Não entendo como você pode sorrir, tendo um filho desaparecido pelo mundo, sem saber se ainda vivo ou se já morto!

– Ora, Zilda! A nossa tristeza não vai contribuir em absolutamente nada! É preciso ter paciência e esperar. Mas, enquanto esperamos, usemos a terapia da ocupação, para não corrermos o risco de cair em depressão. Vamos inaugurar os benefícios recebidos neste lugar e desejo muito que você participe. Está na hora de reagir, pois se Júlio estiver vivo, ele vai reaparecer. Mas se, infelizmente, não estiver, peçamos força a Deus e o tempo será o remédio, como ocorre com todos que perdem a presença física de um ser amado pelo processo natural da morte.

* * *

NUMA MANHÃ DE domingo, ensolarado, lufadas de vento balançavam a folhagem de uma velha palmeira. Algo simples! Todavia, quando nos encontramos, intimamente bem, a sensibilidade amplia-se a ponto de vermos e sentirmos com mais profundidade. Era o que ocorria com os moradores do lugar que, chegando ao citado local, tomavam o simples fenômeno da natureza como motivação para aumentar, ainda mais, a alegria que sentiam naquele momento, considerado por eles mesmos, raro em suas vidas. Isto porque, era naquela manhã que ocorreria a inauguração da pavimentação da rua e da praça e, paralelamente, uma escola que funcionaria durante o dia para crianças e a noite para alfabetização de adultos. Tudo ocorria discretamente sem qualquer alarde, pois Amaro continuava com o mesmo propósito de fazer com a mão direita o que a esquerda não visse, conforme indicação de Jesus, o divino Mestre. Entretanto, nem ele e nem mais ninguém poderia ocultar do olhar das entidades espirituais benfeitoras que atuavam, há alguns séculos, visando o estabelecimento da união pelos laços da fraternidade.

Por volta das dez horas da manhã, pais, mães e filhos – moradores do lugar – demonstravam satisfação e alegria, não somente pelos benefícios que o lugar havia recebido, mas, sobretudo, pela confraternização, porquanto o que importava era o nível moral e a busca do conhecimento do Evangelho sob a ótica da doutrina espírita, o que vinha acontecendo satisfatoriamente. Contudo, não obstante as motivações positivas, Zilda demonstrava o semblante carregado de tristeza, sem qualquer possibilidade de um simples sorriso. Percebendo, Laura se aproximou e, como sempre, demonstrando alegria e firmeza nas suas expressões, disse-lhe:

– Mãe, a sua tristeza não resolverá o problema que lhe angustia. Ao contrário, pode piorar a situação por falta de ação, de esperança e da confiança que devemos alimentar para que o desespero não prejudique a capacidade de discernimento. Júlio usou e continua usando o livre-arbítrio e, por isso mesmo, seja pelo bem ou pelo mal, ele responderá pelas suas ações, porque ninguém foge da justiça divina. E mesmo que o processo educativo chame-se dor, não deixa de estar presente o amor de Deus, o pai da criação. Sossegue, mãe, porque um pressentimento me faz crer que ele retornará em breve, mas infelizmente, abatido pela dor do fracasso.

Ela fez uma pausa e percebendo que a sua conversa estava fazendo bem a Zilda, voltou a falar:

– Se eu não estiver enganada, isso não será ruim, considerando certas situações que, para o alinhamento do equivocado, o sofrimento se torna indispensável, a depender da gravidade das faltas. Se esse for o caso de Júlio, não deveremos olhá-lo como um pobre coitado, porque pode ser essa experiência que esteja faltando para a retomada do caminho apontado por Jesus, que ele deixou para trás. O meu desejo, mãe, é que Júlio experimente a mesma harmonia que agora viceja em nossos corações. Depois de séculos de tentativas frustradas, quem sabe não ocorrerá dessa vez a tão almejada união?

Depois de ouvir atentamente a filha, Zilda ensaiou um sorriso e disse abraçada e beijando o rosto de Laura:

– Ainda bem que Deus me enviou, na condição de filha, um anjo bom!

Laura, então, respondeu sorrindo:

– Ora, mãe! Se os anjos ainda fossem como eu, nem mereciam ser considerados como tais.

Ela abraçou a mãe e levou-a para junto de Amaro, onde todos se encontravam participando da festa que acontecia muito mais nos corações, principalmente entre aqueles que, doravante, teriam a oportunidade de sair do analfabetismo. A escola recebeu o nome da professora Ester e, a ela mesma foi entregue a direção, o que a deixou vibrante de alegria, pois antevia a satisfação de ver os futuros alunos se sentirem cidadãos e cidadãs conscientes dos seus direitos e deveres, porquanto, o conhecimento é luz que desfaz a escuridão da ignorância.

Naquele mesmo momento, Amaro soltou a voz, pedindo atenção, pois desejava externar algo do seu sentimento. Depois que todos voltaram a atenção para ele, assim se expressou:

– Quero dizer a todos, que os benefícios recebidos por este lugar, não aferem qualquer dever de gratidão ao seu realizador, tampouco cabe a ele o direito de ostentação, pois no meu entendimento, quem mais deve é quem mais necessita distribuir os bens que Deus coloca nas mãos, não para enriquecê-lo, mas sobretudo, para serem distribuídos onde quer que se perceba a presença da necessidade. Agradeçam às mãos laboriosas e incansáveis que executaram toda esta transformação, mas sobretudo a Deus, pois sem a Sua permissão, nada poderíamos realizar.

Fez uma pausa e, logo em seguida, concluiu:

– Agora, meus queridos irmãos, vamos fatiar o bolo gigante, feito com capricho para esta ocasião e, enquanto estivermos saboreando-o, agradeçamos às pessoas que o confeccionaram, enviando-lhes a nossa vibração de alegria.

Depois de saborearem o bolo, todos que ali se encontravam deram-se as mãos e juntos passaram a entoar uma música composta por Beatriz, que dizia:

Somente o amor rompe as barreiras,
que ocultam os sentidos da vida
e vislumbra uma nova clareira.

Cantemos juntos!

Já que a tristeza e a dor,
transformam-se em alegria,
ante a presença do amor.

Cantemos juntos!

Exaltemos a vida
por ser ela consentida
por Deus, o Criador.

Cantemos juntos...

Embora a festa houvesse terminado com a música, os participantes prosseguiram no local desfrutando do bem-estar que sentiam enquanto conversavam num verdadeiro clima de confraternização. Dentre eles, os jovens que demonstravam dupla alegria, pois além de tudo que vinha ocorrendo favorável aos planos traçados, seus olhos reluziam como se fossem pequenas estrelas encravadas no rosto. Tomados pela esperança e afetados pela magia do amor, conversavam traçando planos, visando a constituição de novas famílias – um novo lar, onde receberiam na condição de filhos, e por meio da reencarnação, espíritos que, certamente, encontrariam um ambiente propício ao necessário despertar do amor e da verdade, o que todos almejam no retorno ao palco do mundo, para mais uma existência material. O estado íntimo era justificável, pois enfim, depois de tanto tempo, Cássio e Laura estavam noivos, a exemplo de Joseane e Gabriel, Érica e Francisco, Gabriela e Caetano. Por isso mesmo, a conversa entre eles prosseguia no mesmo tom de alegria:

– Que acham da gente realizar um casamento coletivo? – perguntou Laura e prosseguiu argumentando: – se estamos tentando estabelecer a união entre todos nós, por que não fazermos isso? Creio que servirá de inspiração para que todas as nossas ações possam sempre convergir para a harmonia desejada, mas com o sentido de eternidade. Afinal, a eternidade não se encontra no porvir. Ela está presente "no agora"!

Beatriz, que até então se mantinha em silêncio, apenas ouvindo a conversa, se adiantou para responder:

– Laura, como sempre, você me surpreende com boas ideias. Vai ser lindo! E também muito importante, porque será uma boa oportunidade de unir as famílias numa mesma emoção. Pena que eu não vou poder participar – lamentou.

– Por que não, Beatriz?

– Porque não me encontro na mesma condição de todos vocês... Não tenho noivo! Mas isso não me deixa infeliz, porque se eu não me casar, serei mãe de filhos que a perderam. Acho que isso dará um importante sentido à minha vida.

Beatriz se expressou sorrindo, entretanto, deixou o local e seguiu rua acima, entristecida.

Na adolescência, seus sentimentos eram direcionados a Júlio e por ele correspondida. Mas isso durou, apenas, até quando Amaro foi forçado pelas circunstâncias a residir com a família na periferia, o que os fez perderem-se de vista. Depois de tantos anos sem vê-lo, ela tentou esquecê-lo, porém não conseguiu porque não se tratava apenas de um sentimento passageiro de adolescente, como chegou a imaginar, mas de um compromisso assumido de livre vontade antes de renascerem para aquela existência.

Ela deixou o local, seguiu rua acima, mas quando ia se aproximando da casa de Laura, se assustou ao ver um homem com a aparência de mendigo. Além da barba e os cabelos crescidos, a roupa impregnada de sujeira, exalava odor fétido.

Receosa, ela passou para o outro lado da rua para se distanciar, porém ao perceber que ele a olhava insistentemente, amedrontada, preferiu retornar à praça, já que estava sozinha. Vendo-a, Joseane, perguntou:

– Oh, Beatriz, se arrependeu de nos deixar? Talvez seja outro o seu programa de vida para esta existência!

– Você pode estar certa, Joseane. Mas não foi por isso que voltei.

Depois de falar sobre o suposto mendigo, conforme a sua imaginação, ela explicou:

– Eu estava sozinha e fiquei com muito medo. Entendo que, como todas as pessoas, ele é um irmão nosso, filho de Deus. Mas o seu olhar insistente para mim, me fez tremer as pernas de medo! – falou sorrindo.

– Vamos lá, Cássio? – perguntou Laura e passou a comentar: – pode ser que o pobre homem esteja doente, faminto... Lembremos do que disse Jesus: "me viste nu e não me cobriste, com fome e não me deste o que comer, doente, não me visitaste..."

Seguiram para o local, mas a exemplo de Beatriz, ao perceber a aparência do suposto mendigo Laura ficou receosa e ambas preferiram manter certa distância. Cássio seguiu em frente intencionado a ajudá-lo, mas antes dele se aproximar, o homem olhou na direção de Laura e perguntou:

– Com medo do seu irmão, Laura? Não estou louco e nem agressivo, mas vencido pelo fracasso!

Tomada por forte emoção Laura soltou a voz:

– Júlio! Que fizeram com você, meu irmão?

– Não, Laura! A pergunta é: o que fez de você mesmo, meu irmão?

Ela estava com as chaves da casa, foi logo abrindo a porta e falando:

– Venha, meu irmão. É preciso se livrar desse trapo que nem cobre direito o corpo, tomar um banho, tirar também essa barba, porque se a mãe o encontrar com essa aparência, vai ficar muito chocada. Ainda há pouco, ela estava chorando com saudades de você.

- Não, Laura, eu não tenho o direito de entrar e desfrutar desta casa que, por orgulho, deixei para trás por achar que aqui era lugar de pobre. E, além disso, o que eu teria direito por herança, já recebi. Fico aqui mesmo, esperando pai chegar e, a depender da reação dele, posso até entrar, não na condição de filho, mas como hóspede indesejável. Se ele não me acolher, não o censurarei, pois tem ele todo direito de me recusar porque reconheço que fui ingrato e irresponsável, sem levar em conta a lição do Evangelho, honrai pai e mãe. Aí, então, me retirarei e seja feita sobre mim a vontade de Deus.

Laura tentou fazê-lo mudar de ideia, mas ele mostrou-se irredutível. Então, ela tratou de mudar o assunto, perguntando-lhe:

- Júlio, pode me dizer o que aconteceu com você? Se não quiser, não precisa responder.

- Apenas que saí errando e errado retornei. Por enquanto, nada mais!

Beatriz se aproximou e ao vê-la tão próxima, ele abaixou a cabeça envergonhado.

- Júlio, - falou ela, tomada por profundo sentimento - olhe para mim, pois nada tenho a censurar por entender que a vida nos dá de retorno o que a ela oferecemos. Mas isso em vez de ruim pode ser uma valiosa lição de vida, por se tratar de efeitos de causas impensadas, o que não deixa de ser uma boa oportunidade de educar os sentimentos e cuidar com maior zelo dos pensamentos, porque é aí que se encontra a origem das causas e os efeitos do bem ou do mal que fazemos aos outros ou a nós mesmos.

Depois de breve pausa, ela prosseguiu na tentativa de reanimá-lo, mas sem qualquer censura:

- Não se lastime e nem se sinta pior do que ninguém, porque doravante, você não mais fará do jeito que fez, embora eu não deseje saber o que você fez e nem como foi feito, porque isso,

Júlio, é com você e a sua consciência. Em vez de se sentir um derrotado, pense em renascer de você mesmo, um homem novo, assim como é possível se edificar em lugar de escombros, suntuosos imóveis!

– Oh, Beatriz, só você mesma seria capaz de me dar tanta atenção e tentar aliviar o meu coração...

Interrompeu o que iria falar, ao ver os pais, Amaro e Zilda se aproximando. Zilda, a exemplo de Laura, ao vê-lo, parou de caminhar e comentou:

– Amaro, concordo que a caridade é um importante meio pelo qual a gente pode sentir o outro como irmão. Mas eu acho que estes meninos – falou se referindo aos jovens – perderam o cuidado que se deve ter com pessoas desconhecidas e, além disso, um mendigo, já que não podemos imaginar porque ele chegou a isso.

– Deixe eles, Zilda! Já são adultos e sabem o que fazem. Vou ver de quem se trata.

Amaro se aproximou e, ao olhar o rosto do suposto mendigo, reagiu pleno de ternura:

– É Júlio! Oh, meu filho!

Zilda com as pernas trêmulas e o coração acelerado, procurou apoio recostando-se na parede da casa vizinha. Percebendo, Laura foi ao seu socorro:

– Mãe, reaja e não se impressione com a aparência dele, pois mesmo não tendo ele agido corretamente, não deixa de ser Júlio, seu filho amado! Nada além disso importa agora!

Júlio continuava sentado na calçada e de cabeça baixa sem coragem de olhar de frente para os seus familiares. Ainda assim, começou a falar com voz arrastada, por causa da debilidade orgânica:

– Pai, errei! Errei contra Deus, contra o senhor, contra a minha mãe porque a fiz sofrer com a minha ingratidão e também contra Laura, que tanto conselho havia me dado. Reconheço não ter direito, sequer de entrar nesta casa, como eu disse há pouco a Laura, pois saí dela movido pelo orgulho. No entanto, agora eu estou aqui, não como os pobres que vivem neste lugar, mas como um mendigo imundo, não apenas o corpo e os trapos que o vestem, mas sobretudo, interiormente.

Demonstrando cansaço, fez uma pausa e logo a seguir, respirou fundo e prosseguiu:

– Se muito posso pedir, rogo que me dê um prato de comida antes que eu morra de fome.

Amaro, não suportando a emoção que o impacto lhe causara, começou a chorar e assim mesmo falando:

– Não, Júlio! Você é meu filho, que sempre amei no mais profundo dos meus sentimentos!

Terminou de falar, abaixou, segurou firme as mãos do filho desventurado e exclamou com energia:

– Erga-se, Júlio!

Depois de abraçá-lo fortemente, voltou a falar:

– Você não terá apenas um prato de comida, mas tudo que o meu coração e a razão indicarem. Agora, tente firmeza para permanecer de pé, levante as vistas e olhe para a sua mãe que, há tempo, vem definhando por causa da saudade que torturava o coração. Sem sentimento de culpa e nem lamento! Apenas abra os braços e o coração para o mais auspicioso abraço que o ser humano pode receber, pois não há ventura maior do que estar entre os braços de uma mãe.

– Meu filho, que lhe fizeram para você se encontrar nessa situação de sofrimento?

– Fui eu mesmo, mãe!

Ela abraçou-o demoradamente, beijou-lhe o rosto quase recoberto de lodo e os dois, mãe e filho misturaram, não somente as lágrimas, mas sobretudo as dores morais.

Vendo que o filho não conseguia continuar de pé, por causa da fragilidade orgânica, Amaro colocou-o nos braços, como fazia quando Júlio era criança e carregou-o para o interior da casa.

Percebendo que Beatriz não continha as lágrimas que brotavam em abundância, Laura tratou de consolá-la:

– Ora, Beatriz, não é tão mau assim! Você verá em breve como estará Júlio, conforme você disse há pouco, um novo homem ressurgido dele mesmo.

Alguns dias depois, a aparência de Júlio já havia mudado. Com os cabelos cortados e a barba feita, logo ostentou a mesma fisionomia de antes, mas com uma diferença: parecia estar mais amadurecido. Dias depois, chegando de mais um dia de trabalho, Amaro foi direto ao quarto de Júlio, o que já vinha fazendo, para acompanhar a recuperação do filho. Mas, naquele dia, uma sexta-feira, ao entrar no quarto, percebeu com satisfação que Júlio se recuperava bem fisicamente. Mas querendo sondar a sua situação interior, perguntou:

– Mais disposto, hoje?

Em vez de responder à pergunta, Júlio passou a falar do seu novo interesse, com demonstrações de que estava, também, se recuperando interiormente:

– Pai, até agora, eu não lhe pedi perdão por entender que não conto com merecimento. Ainda assim, eu apelo ao seu bondoso coração, que me estenda a mão e com o seu prestígio e amizade junto a outros empresários, me arranje um emprego, para que eu tente acertar o passo e concretizar os meus novos planos. Ante a dolorosa lição que passei e do exemplo dos outros jovens, que a essa altura já se firmaram profissionalmente e, segundo Laura, já vão até constituir família, acabei pensando seriamente em mim mesmo e o que desejo, de agora em diante, para o meu futuro.

Depois de uma breve pausa, prosseguiu se expressando:

– Peço, também, que por misericórdia não use a generosidade do seu coração para me oferecer qualquer coisa que possa ser entendida como facilidade, porque mesmo que eu ainda tenha de passar por situações embaraçosas, não aceitarei! Não por orgulho, mas por compreender que somente fazemos jus, por direito, ao que adquirimos pelo esforço empreendido e, sobretudo, por achar que para realinhar pensamentos, sentimentos e melhorar o meu nível moral, não devo encontrar facilidades.

Amaro preferiu deixar o filho se expressar sem qualquer interferência da sua parte, já que a sua intenção era, no final, analisar como se encontrava a situação íntima de Júlio e acabou se sentindo satisfeito. Tanto que, tomou a seguinte decisão:

– Está bem, Júlio. Você vai ter sim, uma atividade, porque será readmitido para a mesma função de antes. Mas não receba isso na qualidade de uma dádiva de pai para filho, mas sim, uma concessão da empresa, mesmo porque, você não terá qualquer tipo de regalia, diferente dos demais funcionários. O seu desenvolvimento e crescimento como profissional vai depender do seu desempenho. Em breve, inclusive, você se entenderá com Laura, que ocupará o meu lugar na administração geral.

Depois de explicar quais eram, doravante, os seus planos, Amaro concluiu:

– Dadas as novas circunstâncias, confio que nessa nova fase da sua vida, não mais deslizará, desatento e imprevisível, por qualquer desfiladeiro moral.

Na semana seguinte, Beatriz foi visitar Júlio e ficou surpresa com a rápida recuperação, pois ele já não estava como antes, prostrado numa cama. Mais disposto e demonstrando alegria, ao vê-la, nem esperou que ela o cumprimentasse, e foi logo falando:

– Eu quero muito lhe agradecer pelas suas palavras, porque a partir daquele momento, eu decidi, conforme a sua sugestão, deixar nascer de mim mesmo um novo homem. Já pedi a pai uma atividade e ele vai me readmitir na mesma função de antes.

Depois de breve pausa, voltou a se expressar:

– Soube através de Laura que todos os outros jovens, além da definição profissional, já vão se casar! – depois de baixar a cabeça, completou: – Só eu não, mas, somente por enquanto, porque isso também acontecerá comigo, tão logo eu consiga pôr em prática o que planejo para a minha redenção. Se eu não merecer a pessoa, que apesar de tudo que me ocorreu, ainda continua presente nos meus sentidos, darei outro rumo à minha vida.

Usando a mesma tática que antes ela aplicava, quando atendia os pacientes que lhe procuravam no consultório de psicologia, durante o tempo em que exerceu a profissão, Beatriz deixou Júlio externar, sem qualquer interferência sua, os seus planos e sentimentos para poder analisar o efeito do sofrimento que ele havia experimentado. Afinal, como disse Jesus, conhece-se a árvore pelos frutos.

Depois de falar, falar, sem sequer ter ouvido a voz de Beatriz ele, então, perguntou, tratando de mudar o assunto:

– Vocês ainda estão se reunindo para o estudo do Evangelho e da doutrina dos espíritos?

Depois de Beatriz falar sobre o salão onde todos, até os moradores se reuniam, para tal fim, ele perguntou:

– Será que eu vou poder voltar a participar?

– Por que não, Júlio? Você deve retirar da mente essa ideia de inferioridade por ter se deixado enganar por meras ilusões. Baseio-me na sabedoria de Jesus, ao propor ante os que queriam apedrejar a mulher que fora surpreendida em adultério: "quem não tem pecado, atire a primeira pedra". Baseada nesse importante ensinamento, pergunto: será que existe alguém neste mundo, que nunca tenha cometido um erro? Certamente não!

Depois de uma pausa ela prosseguiu:

– Agora, Júlio, é hora de você deixar para trás o que experimentou e não foi bom, já que o progresso moral e espiritual requer constante renovação, já que tudo segue a rota do desenvolvimento, visando o aperfeiçoamento.

Depois de silenciar por instantes, aparentemente, analisando o que acabara de ouvir, Júlio fez a seguinte pergunta:

– Beatriz, você me perdoa?

– Perdoá-lo, de quê?

– Porque eu não cumpri o que um dia lhe prometi.

– Não me lembro de nenhuma promessa que você tenha me feito.

– No começo da adolescência, nós ficávamos sempre juntos e eu, um dia, lhe disse que só me casaria com você! Será que você se esqueceu?

Beatriz respondeu sorrindo:

- Promessa de menino que nada sabia sobre a vida!

- Pode ter sido assim, mas eu falei com sentimento! Tanto que, em tudo que eu fazia de errado, logo em seguida, eu achava que estava lhe traindo.

- Também quando Stela entrou na sua vida?

- Stela nunca entrou na minha vida como alguém que atraísse os meus sentimentos. Era apenas uma amiga e pelo que eu entendo, amizade é um sentimento que não distingue se amigo ou amiga. Concorda? Eu dizia que ela era minha namorada e que dormia na casa dela para mãe não ficar preocupada comigo, quando eu queria sair com os amigos para passar a noite na rua. Em relação a você, Beatriz, apesar de guardá-la, como disse, nos meus sentidos, eu me distanciei de você, primeiro, quando viemos morar aqui, na periferia e, depois, porque você passou a estudar e se aprofundar nos ensinamentos de Jesus, e isso, na época, não era o meu interesse.

- Onde chega a verdade não permanece a ilusão.

- É verdade. Eu precisei sofrer para aprender avaliar o bem.

- Você perceberá isso com mais profundidade quando souber como todos nós estamos seguindo rumo à fraternidade.

- Todos, quem? Até os traidores do meu pai?

- Sim, disse todos. Mas sugiro que substitua a palavra traidores, por irmãos, filhos do mesmo pai que é Deus. Não vou lhe falar sobre isso, porque prefiro que você mesmo veja para entender melhor, já que está interessado em voltar a participar do nosso estudo.

- A bondade ultrapassa qualquer expectativa! - disse ele, com o olhar fixo no rosto de Beatriz.

Depois da longa conversa, Beatriz, disse já de pé para sair.

- Sinto-me satisfeita vendo-o assim, bem-disposto e interessado em viver, doravante, como um novo homem. Isso mesmo, Júlio! Deixe tudo no passado, menos a experiência!

- Beatriz eu vou lhe fazer uma pergunta muito séria: se eu modificar a minha vida, conforme desejo, você se casa comigo?

– É verdade que ainda estou solteira por sua causa. Mas essa pergunta só poderei responder depois de avaliar as suas mudanças, porque eu desejo que o pai dos meus filhos seja, para eles, o melhor exemplo, se eu chegar a me casar.

– O pai dos seus filhos será o melhor exemplo que você deseja. A história da minha vida daqui para a frente contará isso.

Beatriz saiu satisfeita e esperançosa.

CAPÍTULO 24

RECUPERADO PELA DOR

Fluir para o bem é da vontade de Deus, o supremo criador do universo.
Dizzi Akibah

ALGUNS DIAS DEPOIS da visita de Beatriz, Júlio já demonstrava novo ânimo, restabelecendo a saúde orgânica e também moral, pelas demonstrações de sincero interesse pelo estudo do Evangelho, motivado pela informação prestada por Beatriz de que todos os jovens haviam formado com os pais e todos os moradores interessados do lugar, um só grupo de estudo. Afinal, ele precisava amenizar os reclames da consciência. Não era para menos, pois, depois de enganar o pai, Amaro, com o argumento de que seria um empresário em Portugal, acabou usando o dinheiro que havia recebido como parte que teria direito por herança, visitando vários países da Europa. As cédulas, que custaram anos de trabalho do pai, deslizavam das suas mãos como se fossem algo a ser descartado, pois além de se hospedar nos melhores e mais caros hotéis, onde chegava tentando se passar por milionário, quando ia a um restaurante, por exemplo, o funcionário que lhe atendia recebia gratificação cujo valor, às vezes, se equiparava ao salário que recebia durante um mês de trabalho.

Ele não tinha ideia do valor do dinheiro, já que nada havia feito para tê-lo em mãos. Mas assim como ante a realidade toda ilusão desaparece, ele se deu conta, ao chegar em Buenos Aires – Argentina, que o dinheiro havia acabado. Em consequência, começou a passar por situações vexatórias, na condição de pedinte, perambulando pelas ruas da cidade, dormindo ao relento e comendo somente quando alguém se compadecia da sua situação e lhe oferecia algo para saciar a fome. Depois de mais de dois meses, vivendo essa dura experiência como colheita da sua própria sementeira, guardando moedas que recebia com a mão estendida pelas ruas da cidade, conseguiu embarcar num navio com destino a Santos, Estado de São Paulo, onde chegou fisicamente e psiquicamente fragilizado, na mesma condição de pedinte.

Ele, que havia saído de casa e do seio da família, simplesmente por achar que o lugar era de pobres, ali se encontrava em situação de miséria e, além disso, sempre amedrontado por causa da perversidade de delinquentes, que durante a noite saíam pelas ruas à procura de mendigos para agredi-los, o que lhe ocorrera algumas vezes. Assim foi que, sem qualquer perspectiva e ânimo para com a vida, resolveu dar fim a existência física, justificando a si mesmo que este era o único meio que dispunha para se livrar do sofrimento. Se dirigiu à praia, procurou o local onde as ondas eram mais fortes e disse a si mesmo:

"Assim será melhor, pois, se não tenho coragem de voltar para casa dos meus pais e falar dos erros que cometi e da ingratidão injustificável para com eles, dou fim a esta vida, que para mim não tem mais sentido e ninguém, jamais, saberá dos meus desatinos, pois..."

Foi interrompido por gritos de alerta de alguns pescadores, que se encontravam próximos do local:

– Ei, rapaz! Cuidado! Se você cair aí vai acabar morrendo afogado! Esse local é fundo e as ondas estão muito fortes! Saia daí!

Júlio, em vez de acatar o alerta, falou a si mesmo:

"Se é perigoso, melhor para mim, porque jamais sairei."

Terminou de pronunciar a última palavra e saltou para a morte, conforme havia decidido. Mas, felizmente, o seu plano foi frustrado pelos mesmos pescadores, que conseguiram salvá-lo. Um deles, por nome Nicolau, percebendo que se tratava de um rapaz ainda jovem e que se encontrava muito fragilizado, levou-o para a sua casa. Depois de oferecer-lhe uma roupa e alimentá-lo, teve com ele a seguinte conversa:

– Meu jovem, quase sempre o motivo que leva alguém a atentar contra a própria vida é o desgosto. Será esse o seu caso?

Júlio olhou para o rosto daquele homem, pele enrugada por causa da exposição constante ao sol e, em vez de responder a pergunta do pescador, silenciou. Afinal, ele não desejava se revelar, pois já começava a se sentir envergonhado dos seus próprios atos. Depois de fixar o olhar em Nicolau, ele começou a pensar:

"Ora, este homem deve ser muito pobre, mas tem o seu valor, já que deve estar assim, fisicamente desgastado, por causa da luta sem trégua para dar conta da responsabilidade perante a família. Eu, entretanto, sinto-me, perante ele, um miserável, porque além de trair o meu pai, enganando-o para conseguir o que queria, gastei quase uma fortuna para nada! Quantos Nicoláus, Josés, Joaquins e Marias existem por aí, na pobreza? Esse dinheiro daria para melhorar a vida de dezenas de pessoas. Laura estava e continua certa ao afirmar que não devemos excluir ninguém da nossa convivência, simplesmente por ser carente de bens materiais..."

Foi interrompido pelo pescador:

– Se não quiser, não precisa responder a pergunta.

– Eu sou muitas vezes miserável. Não mereço compaixão nem do senhor e nem de ninguém! Me encontro sem rumo, sem perspectiva e sem esperança! Resumi a minha vida numa soma de erros, de tal maneira, que procuro sem êxito uma simples virtude em meus feitos que possa me consolar, mas infelizmente não a encontro.

– Mesmo se sentindo miserável e desventurado, você não deixa de ser filho de Deus. Será que dá para compreender isso? A morte que você procura, tentando fuga de si mesmo, não será solução para as suas amarguras, por se tratar de um ato de covardia. Noto, que apesar da sua aparência, você é ainda muito moço, talvez estudado, porque se expressa bem. É bom que procure se cuidar e alimentar a esperança de ser, no mínimo, uma pessoa com dignidade.

Nicolau fez uma pausa buscando meios de convencer Júlio a retirar a ideia do suicídio e, instantes depois, voltou a falar:

– Sou um homem pobre, com muitos filhos para alimentar e muita dificuldade para mantê-los na escola. Nem por isso eu deixo de agradecer a Deus pela vida e pelo que faço como pescador, desde o amanhecer de cada dia, contemplando o reboliço das ondas do mar. Mas, apesar de todas as dificuldades, não me nego a servir, mesmo que seja com uma palavra de esperança para quem se entrega à aflição.

Júlio voltou a olhar para o rosto de Nicolau e diante de tanta bondade, começou a chorar e falar ao mesmo tempo:

– Preciso me reencontrar, pois estou perdido em mim mesmo.

– Reencontre-se, se sentindo filho de Deus. Isso basta, por agora! Durante essa semana eu vou lhe amparar, mas logo você vai ter que botar a cabeça no seu devido lugar e buscar o seu destino, que deve ser, daqui para frente, a busca da dignidade.

– O meu destino seria retornar para a capital do Estado, onde eu nasci e, também, vive a minha família.

– Não posso lhe oferecer nenhuma moeda, porque faria falta à minha família. Se você quiser me ajudar na pesca, talvez a gente consiga fisgar mais peixes. Aí poderá comprar a sua passagem.

Naquele mesmo dia, Júlio já se encontrava ajudando Nicolau a recolher a rede depois de jogada ao mar, ou com uma vara de pesca na mão, tentando fisgar algum peixe. Ele começava a aprender a valorizar a vida e as pessoas, independentemente da condição de vida. Dias depois, Nicolau pôs em suas mãos o dinheiro para a compra da passagem. Antes de se despedir de

Nicolau, ele anotou num papel um endereço e disse-lhe, depois de agradecer pelo gesto de bondade com que salvou a sua vida:

- Seu Nicolau, desejo muito vê-lo outras vezes, porque não é fácil encontrar alguém assim como o senhor. Por isso mesmo, eu virei sim, visitá-lo e dar conta de como eu estarei vivendo. Mas, acima de tudo, se precisar de mim, use esse endereço que fica na parte industrial da cidade, procure um homem por nome Amaro e conte-lhe como o senhor salvou a minha vida. Ele é o meu pai, uma pessoa assim como o senhor, cheio de bondade. Não esqueça de dizer a ele que meu nome é Júlio! Não deixe de fazer isso, porque o senhor vai se dar muito bem com ele. Poderia lhe contar a minha história, mas eu fui tão ingrato e irresponsável para com a minha família, que me sentiria muito envergonhado diante do senhor, que é uma pessoa digna de admiração!

- A rodoviária é distante daqui, mas você já aguenta andar até lá. Se cuide e tome juízo!

Júlio abraçou fortemente Nicolau e seguiu para a rodoviária. Não conhecia bem a cidade, as poucas vezes que a visitara, o seu interesse era somente a praia. Por isso mesmo, pediu informação a uma pessoa na rua e o desconhecido perguntou-lhe:

- Vai viajar, rapaz?

- Vou sim - respondeu Júlio.

O desconhecido, então, voltou a perguntar:

- E já comprou a passagem?

- Vou comprar quando chegar lá.

- Venha comigo!

Júlio seguiu o homem que, saía de uma rua, entrava em outra, mas não chegava à rodoviária. O tempo foi passando e já impaciente, ele perguntou:

- Você não está errando o caminho, não?

O homem pôs a mão por dentro da roupa de onde tirou uma faca e disse:

- Passe todo dinheiro que você tem aí e não tente reagir!

- Por favor, tire essa faca do meu pescoço, porque eu não tenho dinheiro, a não ser o da passagem!

– É esse mesmo que eu quero!

Não tendo outra saída, Júlio entregou o dinheiro, saiu às pressas do local e, chorando, passou a perambular por ruas que não conhecia, sem rumo e sem perspectiva. Pensou em retornar para a casa de Nicolau, mas achou que não era justo, pois ele já havia feito tudo que podia. E mais uma vez ele passou a mendigar pelas ruas. Assim, o tempo foi passando e o desespero tomando-lhe os sentidos. Meses depois, ele resolveu sair do local onde estendia a mão aos transeuntes e perambulando sem saber para onde ia, acabou chegando ao porto. Vendo caminhões sendo carregados, se aproximou de um deles e perguntou ao motorista:

– Estou precisando, urgentemente, trabalhar. O senhor poderia me contratar como carregador?

– Pegar peso com esse corpo minguado?! Além disso, ninguém suportaria o seu mau cheiro! Vai, sai daqui antes que o meu estômago rejeite o que comi, há pouco, no almoço!

– Diga-me, então, por caridade, para onde estão indo esses caminhões.

– Para que você quer saber?

– Eu estou precisando mandar um recado para a minha família, que mora na capital – dissimulou, porque sua intenção era outra.

– Todos estes caminhões vão pra lá. Mas ninguém tem tempo para isso, não! Vai dando o fora daqui porque eu não estou aguentando o seu mau cheiro!

Júlio se afastou um pouco do local, mas ficou atento, tentando pôr em prática o seu plano. Assim, ao perceber que um dos carros dava partida para sair, com muito esforço, subiu na carroceria e se escondeu por baixo da lona que cobria a carga. Assim foi que ele conseguiu, cheio de vergonha de si mesmo, retornar à casa dos pais, conforme narração anterior.

Voltando ao começo do capítulo: depois de toda essa experiência dolorosa, Júlio procurou se despojar dos conceitos equivocados sobre os relacionamentos humanos; desceu os imaginários degraus sociais em que antes se situava; passou a compreender com mais lucidez o real valor da vida e, depois de ter voltado ao estudo do Evangelho, acabou se juntando aos demais jovens na distribuição das cestas básicas, entre as pessoas necessitadas, já que havia passado, recentemente, por situações análogas de sofrimento.

Além disso, as demonstrações de interesse e de responsabilidade para com os seus deveres em relação ao trabalho não passavam despercebidas por Laura, que o observava cotidianamente, não somente em relação ao seu desempenho no trabalho, mas sobretudo o lado pessoal e, satisfeita, chamou-o à sua sala e como àquela altura ela ocupava o lugar de Amaro, teve a seguinte conversa com o irmão:

– Eu venho observando o esforço que você vem empreendendo em prol das mudanças que idealizou e por isso receba com toda a minha satisfação e muita alegria, os meus parabéns.

– Oh, minha irmã! Recebo e participo da sua satisfação, porque, embora eu venha realmente me esforçando, se trata, apenas, de uma simples questão de decisão, já que tudo que eu estou agora adotando para a minha vida, eu já conhecia e foi você mesma quem me ensinou. Meu erro foi não ter posto o bem antes, em prática. Diante de tudo que fiz a mim mesmo chego à conclusão de que a dor sempre chega onde escasseia o amor.

– Você tem muito a realizar, Júlio, e as possibilidades são amplas, porquanto já dispõe de inteligência com bastante lucidez, o que é muito importante na hora de decidir. É isso que espero agora de você, pois há duas possibilidades de crescimento à sua disposição: uma é continuar no seu setor e a outra seria gerenciar uma das unidades para adquirir mais experiência, já que eu estou precisando de alguém do meu lado me assessorando, pois é muita responsabilidade para uma só pessoa. Que me diz?

– Laura, o que você determinar eu farei e fique certa que jamais lhe decepcionarei. Estou aqui para trabalhar e, felizmente, já não alimento qualquer tipo de ambição ou destaque, uma vez que qualquer função já me deixa grato e satisfeito. Se você já confia em mim a ponto de pensar na possibilidade de estar ao seu lado, será uma honra para mim, pois a sua presença não apenas como irmã, mas como orientadora, basta, já é motivo de agradecer a Deus.

– Não chegue a tanto, Júlio! Nada mais sou além de você. Ah, sim! Já ia me esquecendo! Agora que você e Beatriz assumiram mútuo compromisso, o casamento certamente se dará em breve...

– Em breve, Laura? Ficamos noivos agora e embora não haja dúvida do que queremos, eu estou em fase de preparação, pois que prometi a Beatriz, e a mim mesmo, que serei o melhor exemplo para os meus filhos. E, além disso, eu preciso ainda planejar. É como diz o povo: "quem casa quer casa!"

– Você sabe que todos nós, exceto você e Beatriz, combinamos um casamento coletivo, mas adiamos a data, logo que soubemos que você e ela começaram a se relacionar. Tenho certeza que vai ser algo muito bonito e por demais emocionante para todos, inclusive os pais! Em relação ao dito popular "quem casa quer casa", eu gostaria de saber se vocês já têm uma ideia de onde pretendem morar.

– Onde acharmos um imóvel para alugar. Pode ser por lá mesmo, porque ficaríamos todos bem próximos.

– Júlio, entre nós que vamos nos casar, você é o único que não tem casa própria. Eu, particularmente, quero lhe dar este presente. Por isso que perguntei onde vocês querem morar.

– Laura, eu agradeço pela sua bondade e gentileza, mas eu não posso e não devo aceitar qualquer situação que indique facilidade. Disse isso ao pai e ele entendeu. Espero que você também entenda.

– Júlio, não se trata de facilidade e sim de um presente!

– Quando eu puder, comprarei sim uma casa, mas com o meu próprio esforço.

– Eu idealizei um plano para os funcionários que não têm casa própria saírem do aluguel e, pai, além de concordar comigo, achou ótima a ideia. Nós vamos financiar a compra das casas, com valor correspondente ao salário de cada funcionário interessado. Isso porque o pagamento será feito num valor equivalente ou ainda menor do que o aluguel e será descontado em folha de pagamento. Como o seu nível de salário e também o de Beatriz são bons, vocês podem até escolher uma casa bem ao gosto. Que acha?

- Isso é muito bom, minha irmã! Você e suas ideias que sempre tendem ao bem! Mas em relação ao tipo de casa, não preciso de nada com sofisticação. Basta que ofereça condições de higiene e certo conforto. Nada mais!

- Fale com Beatriz, procurem a casa, porque o casamento coletivo já está às portas!

- Eu vou começar imediatamente a procurar, de preferência lá mesmo onde residimos.

Surpreendida com o que ouviu, Laura, então, perguntou:

- Júlio, você tem certeza que moraria onde, antes, tanto repudiava?

- Será que você, minha irmã, ainda não notou que renasci em mim mesmo e agora sou um novo homem?

- Felizmente, sim! Isso me deixa convicta de que todo esforço que empreendemos, até agora, não foi em vão, já que a dor nos trouxe o único que faltava para a tão almejada união, pois...

A conversa foi interrompida por um aviso para Júlio de que havia alguém a sua procura. Ao chegar à portaria e ver de quem se tratava falou, de braços abertos para receber o visitante:

- Seu Nicolau! Sua presença é motivo de grande alegria para o meu coração!

Depois de abraçá-lo afetuosamente, ele prosseguiu se expressando:

- Que coincidência! Ontem, antes de me deitar para dormir, lembrei-me do senhor em minhas orações.

Nicolau ficou sem jeito ante aquela calorosa manifestação de alegria com que estava sendo recebido, mesmo porque não identificava em Júlio qualquer demonstração de que se tratasse da mesma pessoa que havia conhecido antes, por causa da aparência.

- Você pode ser Júlio, mas parece não haver mais nada em você que eu possa afirmar que é a mesma pessoa!

– É verdade, seu Nicolau. Do Júlio que o senhor conheceu, penso que resta apenas o nome. Sou um novo homem, renascido dos escombros morais.

Depois de apoiar o braço sobre os ombros do visitante, ele disse:

– Venha comigo, bom homem!

Demonstrando certa inibição, Nicolau tentou se esquivar:

– Eu estou me sentindo muito alegre, não somente pelo jeito que você me recebeu, mas sobretudo, em vê-lo assim tão bem! Desejei muito isso e Deus me proporcionou a satisfação de ver esse meu desejo concretizado. Parabéns, Júlio, por ter vencido a si mesmo.

Fez uma breve pausa e voltou a falar:

– Ao me dar o endereço, você me disse que se eu precisasse, poderia procurá-lo.

– O que o senhor estiver precisando, basta falar e estará em suas mãos!

– Apesar da sua estadia ter sido apenas de uma semana, acho que deu para você perceber como vivo. Ora, se até agora tenho conseguido manter a minha família, peço apenas que você continue se lembrando de mim em suas orações, porque minha intenção de estar aqui foi, exclusivamente, para saber como estava a sua vida. Saio daqui com muita satisfação e alegria. Não fico mais um pouco com você, porque ainda vou visitar uma irmã que mora bem distante do centro.

– Não, seu Nicolau, por favor, fique mais um pouco! Eu gostaria muito que o senhor conhecesse o meu pai, mas como ele não se encontra, eu quero lhe apresentar a minha irmã.

Segurou-o pelo braço e em instantes, chegavam à sala de Laura:

– Laura, eu quero lhe apresentar uma das melhores pessoas que já conheci até hoje. Este homem salvou a minha vida!

Mesmo surpreendida com o que acabara de ouvir, Laura se aproximou de Nicolau e apertou, com o mesmo sorriso de sempre, a mão áspera, por causa do contato diário com o remo do barco de pesca e, gentilmente, puxou uma cadeira, colocou-a bem na sua frente e disse-lhe:

- Sente-se, seu Nicolau, e sinta-se à vontade.

Ouvindo isso, o homem do mar, sentindo-se aturdido com tanta amabilidade, dirigiu o olhar a Júlio e disse:

- Toda essa atenção com que estou sendo tratado me agrada muito e me faz crer que há ainda muita gente com bons sentimentos. Mas em relação a você, menino Júlio, assim como a pérola tão bela e valorosa esconde-se no interior da ostra, eu pude perceber que por trás de todo aquele sofrimento, havia algo valoroso que, certamente, seria despertado, como posso comprovar agora. Estou certo que você recuperou a dignidade.

Ele terminou de falar e se levantou intencionado a sair, mas Júlio reteve-o, com gentileza e amabilidade, porque além de se sentir bem com a presença do visitante, não gostaria de deixar Laura alheia ao sentido da conversa:

- Seu Nicolau, fique tranquilo, porque eu vou levá-lo de carro, em qualquer lugar onde desejar. Mas antes, eu gostaria que o senhor contasse a Laura, como salvou a minha vida.

Nicolau perguntou:

- Mas você quer mesmo que eu conte, não seria melhor esquecer?

- Pode contar, porque quando uma passagem da vida serve de lição é preciso sempre lembrar, para não recair no erro.

- Eu estava com os meus companheiros pescando e naquele dia o mar se encontrava muito agitado, quando vi alguém em pé bem no local onde as ondas batem nas pedras e vão levando tudo que por lá encontram...

Depois de narrar tudo como havia ocorrido e os motivos que o fizeram acolher Júlio na sua residência, ele concluiu:

- Por tudo isso que acabei de falar foi que não consegui esquecê-lo. Procurá-lo, para saber como se encontrava, passou a ser para mim algo muito importante.

Ante a narração do homem do mar, Laura demonstrou-se impactada. Momentos depois, ela voltou-se para ele e propôs:

– Seu Nicolau. Se o senhor quiser deixar a pesca eu lhe garanto uma colocação numa das nossas empresas, com salário suficiente para manter, com folga, a sua família e adquirir uma casa própria, dentro de um programa que criamos para os nossos funcionários. Mas se o senhor optar pela continuidade da pesca, nós podemos comprar um verdadeiro barco de pesca, motorizado, para que os remos não continuem maltratando as suas mãos e nem o sol tostando a sua pele, porque o barco que me refiro, terá cobertura. Não vamos fazer isso no sentido de qualquer pagamento pelo que fez por Júlio, mas por merecimento! Pense e depois de consultar a sua família, traga a resposta. O que for decidido, será feito, com toda alegria em nossos corações.

Prometendo que logo voltaria para dar a resposta, Nicolau se despediu de Laura e Júlio foi levá-lo de carro para a casa da irmã, conforme era o seu interesse.

Essa atitude não era de admirar, pois àquela altura, Laura tinha consciência do que pensava e de como agia. Afinal, ela se encontrava inteirada do objetivo dos espíritos que, no mundo espiritual, laboravam com o mesmo interesse de apaziguar os corações, pois além de fazerem parte do mesmo grupo, alguns deles almejavam retornar ao mundo pela reencarnação. Motivados pelo desejo de encontrarem um ambiente favorável às novas realizações que planejavam para a existência porvindoura, aproximavam-se incessantemente daqueles que serviam de instrumento mediúnico como Ester, Hilásio, Laura e Joseane, para execução dos planos traçados, sem perda de tempo. Por isso mesmo, aqueles que se deixaram conduzir pela ilusão de ter em vez de ser, como constatado no decorrer da presente história, foram induzidos pela dor a despertarem para a verdade. Tanto que, antes, o dinheiro, as festas nos encontros de finais de semana e o orgulho despertado pelo falso poder do dinheiro eram mantidos como o sentido das suas vidas.

Mas, como ninguém consegue se exonerar da ordem divina, cuja ação é alinhar as mentes destinando-as, seja pelo impulso do amor ou pelo aguilhão da dor ao verdadeiro sentido da vida, tiveram eles que experimentar o impacto gerado pela queda repentina da riqueza para a pobreza; da ilusão para a realidade e da insensibilidade para com os mais necessitados, a viver como tais, entre eles, o que os tornou mais simples e fraternos. Aí, então, em vez dos citados encontros de fim de semana, que não condiziam com o desenvolvimento do bem, de mãos dadas e corações unidos, eles aderiram ao estudo do Evangelho, sob a ótica da doutrina espírita. Já que o Evangelho de Jesus ilumina as mentes e adoça os corações, eles passaram a olhar na mesma direção em busca da união e da harmonia. Afinal, existem vários caminhos, porém, somente um conduz à verdade com clareza e convicção: Jesus!

CAPÍTULO 25

UNIDOS NO MESMO IDEAL

A dor não baterá em retirada,
enquanto não assimilarmos o sentido e a finalidade do existir.
Dizzi Akibah

NUM CLIMA DE paz, união e alegria chegou, enfim, o esperado dia do casamento coletivo. Via-se aquela mesma rua, outrora lamacenta por onde transitavam pessoas carregando o peso das necessidades insatisfeitas, com a aparência de uma passarela por onde passariam os noivos, movidos pela esperança e a alegria, para a solenidade de confirmação da união pelo amor, objetivando o sagrado dever da procriação, obra majestosa do Divino Senhor do Universo. Entretanto, sob o olhar dos espíritos, a rua era uma trilha luminosa que se alongava ao firmamento. Assim, desceriam rua abaixo, rumo ao salão onde aconteciam os estudos do Evangelho, local escolhido para a simples, porém, bela e significativa união matrimonial.

Além dos casais de noivos já citados anteriormente, mais seis, dentre os moradores daquela comunidade, juntaram-se totalizando onze casais. Para eles, era como se estivessem sonhando, já que algum tempo atrás, antes de Laura e Amaro despertarem o desprendimento, aqueles jovens, como todos os outros moradores do lugar, viviam sem esperança e sem qualquer perspectiva. Ali, entretanto, a situação era outra, já que Amaro, além de empregá-los nas suas empresas, reformara as suas moradias, deixando-as mais confortáveis e agradáveis.

Antes, porém, de se organizarem para, em seguida, percorrerem a rua até o local da solenidade, Laura decidiu falar algo oportuno para aquele momento significativo, não somente para eles, mas sobretudo, para os espíritos que retornariam ao mundo através deles, na condição de filhos.

– Queridos amigos, irmãos em Cristo, idealizamos este casamento coletivo, não simplesmente visando as emoções de alegria que isso pode proporcionar a todos, porque emoções logo se desfazem. A razão é que, se estamos nos trabalhando para vivermos unidos e focalizados no bem, continuemos juntos conservando este mesmo propósito, para que o ambiente dos nossos lares ou onde quer que nos encontremos, seja sempre digno dos espíritos que nos chegarão na condição de filhos, pois segundo informações da nossa mentora espiritual, eles vêm inspirando-nos há muito tempo, para que as nossas ações convirjam sempre para o bem. Por isso mesmo, trabalhemos mais e mais em nós mesmos, para que possamos ser mães e pais dignos dos filhos que receberemos, porquanto, estão eles moralmente e espiritualmente bem mais avançados do que todos nós, aqui.

Laura fez uma pausa e percebendo que a sua fala alcançava o efeito desejado, prosseguiu se expressando:

– Que a nossa união não seja, apenas, em ocasiões festivas, mas constante e duradoura a ponto de estarmos sempre juntos, seja na alegria ou na tristeza; na dor ou no bem-estar; na carência ou na fartura e na ventura ou desventura, conquanto que o nosso combustível seja sempre o amor fraterno. Para isso, basta-nos seguir sempre, pelos caminhos de Jesus, o divino mestre e guardemos a certeza de que tudo estará sempre bem!

O esclarecimento de Laura, além de oportuno por causa da sensibilidade momentânea, foi de grande importância devido à possibilidade de receberem em seus lares, através da reencarnação, espíritos que se encontravam muito mais propensos a doarem, do que receberem, situação semelhante a que eles, os jovens, que assumiram no tempo e momento certos, o papel de educadores dos próprios pais.

Assim, conscientes da responsabilidade que isso requeria, seguiram rua abaixo. Embora tenham eles preferido roupas comuns em vez dos trajes tradicionais, a decisão não ofuscou a beleza do acontecimento, porque ela se encontrava na satisfação e na alegria, não somente deles mesmos, mas de todos os convidados, já que, ao entrarem no salão, foram homenageados com uma salva de palmas. No final, numa demonstração de união, deram-se as mãos e Joseane, com a fisionomia branda e o olhar sereno, começou a falar. A voz suave e harmoniosa chegava aos ouvidos de todos como uma doce melodia:

– Senhor da vida, da paz, da criação e do amor, recebe neste momento, dos nossos corações, o júbilo brotado da conscientização do valor da vida, como um dom que somente a ti pertence. Este júbilo se alimenta na esperança de que esse grupo que, há tanto tempo vem se debatendo pelo estabelecimento da paz, se multiplique em número, por aqueles que chegarão pela reencarnação, mas que eles nos cheguem na qualidade de facilitadores, para que as tarefas adotadas por todos nós, com o objetivo de atingirmos o limiar do nosso ideal de vivermos unidos pelos laços do amor fraterno, seja, no porvir, o fundamento de uma nova família espiritual.

Depois de uma breve pausa, ela prosseguiu:

– Preserve, mãe santíssima, o nosso entusiasmo pela verdade, para que os caminhos que doravante serão por nós percorridos, sejam os mesmos onde o mestre divino, Jesus, deixou os seus rastros de luz para que, os espíritos que forem destinados à nossa convivência na condição de filhos, encontrem um ambiente iluminado pela luz do seu amor e suavizado pela paz. Sim, senhora, mãe espiritual da humanidade, pois todos nós, que acabamos de unir as nossas vidas pelos laços matrimoniais, somos candidatos à procriação, na condição de pais e mães e que para isso, nunca nos falte a condição necessária para conduzi-los até onde for necessário, não simplesmente para o mundo, mas sobretudo para Deus. Se para consecução desse ideal nos forem exigidos sacrifícios, ainda assim será para nós uma ventura, se conseguirmos cumprir fielmente o sagrado dever da procriação estabelecido nas leis de Deus, o Divino Criador do Universo.

Joseane fez mais uma pausa, e conservando a mesma serenidade, concluiu assim, a prece, dirigida ao mesmo tempo a Deus e à Maria Santíssima:

– Abençoa, Senhora Mãe, a todos nós e aos que aguardam o momento de retornarem ao palco do mundo, para desempenharem o que foi programado para uma nova existência.

Tomados por uma forte onda de emoção, muitos se perguntavam o que ocorrera realmente com Joseane, já que era aquela a primeira vez que a viam assim se expressar. Não sabiam ou simplesmente não perceberam que os pensamentos expressados não foram originados na mente de Joseane, mas inspirados pelo espírito que seria o seu primeiro filho. Danilo, por exemplo, atribuindo à filha o que acabara de ouvir, visivelmente emocionado, se aproximou de Joseane e abraçando-a fortemente, falou soltando a voz, para que todos ouvissem:

– Se eu ainda não acreditasse em Deus, neste momento eu me renderia, pois somente Ele poderia fazer chegar ao meu lar essa filha, que retirou as travas dos meus olhos, destampou os meus ouvidos e despertou a minha consciência. Pois, não fosse isso, ainda agora eu estaria adorando o deus dinheiro e dele me fazendo escravo. Obrigado, Deus pai, Deus de amor!

Dali todos rumaram para a "Casa dos Laços Fraternos", nome escolhido por Laura para o Centro Espírita que seria inaugurado com uma palestra proferida em duas partes: a primeira, com Hilásio e a segunda com Ester que, além de fazer parte do mesmo grupo, foi a responsável pelo primeiro passo para o despertar de todos que ali se encontravam, começando por Laura, conforme já narrado. Por isso mesmo, ela não cabia de alegria e gratidão a Deus, principalmente por perceber que as sementes (orientações) doadas a Laura foram multiplicadas e ali todos colhiam, alegremente, os primeiros frutos da união estabelecida no terreno dos corações, proporcionando a oportunidade de abertura de novos caminhos para o estabelecimento da fraternidade que irmana a todos na qualidade de filhos de Deus.

Assim foi que, os dois servidores atuantes da seara do Divino Mestre, discorreram com muita propriedade e profundidade sobre o tema escolhido para aquela noite, que ficaria gravada na mente de todos que ali se encontravam como grata lembrança e nos corações como doce emoção. Nessa mesma vibração amorosa, a lei do amor, o tema escolhido, foi proferido inicialmente por Hilásio que, tendendo mais para a didática, falou com muita propriedade das razões, pelas quais Jesus recomendou que amássemos uns aos outros como ele havia nos amado. Já Ester, cujo estilo era a oratória, citou, dentre outros, o exemplo do divino mestre, Jesus, ao se dirigir a Deus, intercedendo pelos algozes que lhe haviam crucificado: *pai, perdoa-os eles não sabem o que fazem,* o que acabou emocionando a todos que ali se encontravam. Afinal, a simples pronúncia da palavra amor soa como a suavidade da brisa que, por onde passa, deixa o seu rastro de mansuetude.

Finalizada a oratória de Ester, Laura se aproximou da mesa e, demonstrando brandura na fisionomia e suavidade na voz, começou a externar, mediunicamente, os pensamentos do espírito Giovana, que também fazia parte do grupo e que, brevemente, voltaria ao plano material, recebida carinhosamente pelos futuros pais, Laura e Cássio:

– Senhor Jesus, permita nos dirigirmos a ti, neste momento tão raro em nossas vidas, com sentimentos profundos de gratidão, pelo júbilo que afaga os nossos corações.

Fez rápida pausa e em seguida prosseguiu:

– É verdade que a inauguração desta casa, fadada ao conhecimento e à necessária reforma íntima, conforme a intenção dos seus idealizadores, como também a união pelos laços matrimoniais destes jovens aqui presentes, são acontecimentos de grande importância, considerando os seus próprios sentidos. Entretanto, Senhor, o que desejamos, além disso, é externar o sentimento de gratidão pelo êxito alcançado no desempenho satisfatório das tarefas que colocaste em nossas mãos, em prol do bem comum, pois entre quedas e soerguimentos, lágrimas derramadas e suor revertidos na luta pela união a caminho da pacificação de nós mesmos, pudemos enfim compreender, que tem sido assim até então, por causa do sono das ilusões, que tantas vezes nos leva a pesadelos, onde vicejam os interesses mesquinhos e a frieza de coração.

"E, assim, tateando pela escuridão da ignorância, não pudemos ver e nem sentir os reflexos da luz que clareou o mundo, pois essa luz era amor, mas os nossos corações se encontravam tomados pela sujidade, tantas vezes do ódio e do sentimento de vingança. Por estas razões foi que se cumpriu, Senhor, um dos teus importantes ensinamentos: "a cada um segundo as suas obras", porquanto passamos pelo aguilhão da dor, até o necessário despertar. Por estas razões, bondoso Mestre, é que externamos a nossa gratidão, reconhecidos de que sem as tuas lições luminosas, sem o teu auxílio que nos chega através de tantos outros trabalhadores da tua divina seara, não estaríamos, agora, com os corações em festa por já nos considerarmos unidos pelos laços da fraternidade.

"Mas ainda assim, Senhor, olhai por nós! Se tendermos para o desvio do caminho, onde deixou-nos os teus rastros de luz, e optarmos, inadvertidamente, pelas rotas da escuridão e que, por isso mesmo, formos visitados pela dor, dirige-nos o teu olhar de compaixão! Conquanto, Mestre amado, que no final da longa jornada, possamos juntar as nossas vozes ao cântico harmonioso da paz universal.

"Que a tua bênção seja, para todos nós, o halo do teu divino amor."

Terminada a prece do espírito Giovana, através da mediunidade de Laura, Amaro se posicionou em frente a todos e disse em bom tom:

– Queridos irmãos, que doravante possamos nos firmar na verdade e no amor para que os nossos pensamentos e atos não mais dependam, para sua real educação, de experiências dolorosas como as que experimentamos entre a riqueza e a pobreza.

Concluía-se, não a história em si, mas apenas um passo dado à frente, em cumprimento às tarefas assumidas pelas personagens Laura, Joseane e Beatriz, quando ainda no mundo espiritual em preparo para a reencarnação, conforme já citado, porquanto outras, subsequentes, já se encontravam delineadas por espíritos orientadores do grupo. Tanto que, alguns anos depois da desencarnação de Amaro e a consequente mudança da família, aquele local da periferia considerado pelos espíritos escola periódica de ajustes morais, foi perdendo, aos poucos, o sentido e com o passar do tempo as moradias cederam lugar a prédios residenciais, muitos deles com aspectos suntuosos. Mas isso haveria de acontecer, pois além do êxito alcançado nos reajustes morais e do estabelecimento da união por laços fraternos, as novas tarefas apontavam novos rumos, novas situações, novas experiências e novos cenários. Por isso mesmo, o local, palco da conquista da união pela fraternidade permaneceria, não somente nas gratas lembranças de cada um dos protagonistas da presente história, mas sobretudo, na convicção de que, ilusões, enganos, equívocos e sofrimentos prosseguiriam, não fosse o estudo do Evangelho sob a ótica dos espíritos e a consequente prática das lições luminosas de Jesus, o divino mestre.

FIM...

Embora seja a vida uma eterna história.

CONHEÇA TAMBÉM

E o amor floresceu
Pedro Santiago/ Dizzi Akibah (espírito)
Romance mediúnico • 16x22,5 • 288 páginas

Em um cafezal no interior do Paraná, criaturas necessitadas de tudo vivem uma vida de miséria e trabalho praticamente escravo para atender a um patrão tirano.

De repente, no meio de tanto sofrimento, uma luz se faz presente através de cartas misteriosas que chegam a todos, anunciando uma nova maneira de encarar a vida e os desafios que ela apresenta.

O tesouro e o coração
Ricardo Orestes Forni
Romance Espírita • 14x21 cm • 272 páginas
Otávio era um "viciado em trabalho" que desperdiçou sua saúde e o convívio da família para correr atrás do dinheiro. Surpreendido pela morte, traz seu testemunho real – o de um espírito que, tendo preferido valorizar os bens do mundo material, teceu dolorosa teia de sofrimentos.

Espiritismo, o que deseja saber?
Álvaro Vargas
Estudo • 14x21 cm • 224 páginas
Totalmente embasado nas revelações trazidas pelos espíritos da codificação, Álvaro Vargas, presidente da USE Piracicaba (SP), reúne neste livro importantes ensinamentos sobre diversos assuntos relevantes à nossa jornada terrena.

CONHEÇA TAMBÉM

Mente saudável, vida serena
Rodrigues de Camargo
Doutrinário • 14x21 • 176 páginas

Diretor da Editora EME, o autor nos apresenta este livro no qual reúne textos instrutivos e agradáveis falando de Chico Xavier, Jesus e Deus, convidando-nos a viver cada vez mais a saúde e a espiritualidade interior.

Diário de Paola
Paola D´Ávila
Romance espírita • 15,5x22,5 • 240 páginas

Este é um livro interessante, pois através de seu diário, escrito na infância e adolescência, a autora revisita seu passado e de lá extrai lições a respeito da vida, olhando tudo agora com a ótica do espiritismo.

Quando escreveu seu diário, Paola professava outro sistema de crença religiosa. Curiosamente, porém, suas ideias e convicções deixam entrever um conhecimento anterior dos princípios espíritas. Coisas que só a reencarnação explica.

O chanceler de ferro do Antigo Egito
Vera Kryzhanovskaia- Rochester (espírito)
Romance mediúnico • 16x22,5 cm • 368 páginas

José, filho do patriarca Jacob, é vendido como escravo por seus próprios irmãos. No antigo Egito, graças à sua mediunidade, ele interpreta o sonho do Faraó sobre os anos futuros de fortuna e escassez. Com isso, José é alçado ao posto de vice-rei do Alto e Baixo Egito, impondo sua vontade sobre vivos e mortos.

CONHEÇA TAMBÉM

Quem olhará Romeu?

Dineu de Paula • Esdras (espírito)

Romance mediúnico • 15,5x22,5 cm • 288 pp.

Esse é o quarto romance mediúnico do Juiz Federal, Dineu, que é médium e participa do movimento espírita do Paraná. Adoção é um ato de amor. Podemos ter dificuldades como temos com os filhos naturais. O romance de Esdras aborda temas atuais que inspiram reflexão.

Getúlio Vargas em dois mundos

Wanda A. Canutti • Eça de Queirós (espírito)

Romance mediúnico • 16x22,5 cm • 344 páginas

Getúlio Vargas realmente suicidou-se? Como foi sua recepção no mundo espiritual? Qual o conteúdo da nova carta à nação, escrita após sua desencarnação? Saiba as respostas para estas e outras perguntas, agora em uma nova edição, com nova capa, novo formato e novo projeto gráfico.

A vingança do judeu

Vera Kryzhanovskaia • J. W. Rochester (espírito)

Romance mediúnico • 16x22,5 cm • 424 pp.

O clássico romance de Rochester agora pela EME, com nova tradução, retrata em cativante história de amor e ódio, os terríveis fatos causados pelos preconceitos de raça, classe social e fortuna e mostra ao leitor a influência benéfica exercida pelo espiritismo sobre a sociedade.

Não encontrando os livros da **EME** na livraria de sua preferência,
solicite o endereço de nosso distribuidor mais próximo de você através de
Fones: (19) 3491-7000 / 3491-5449
(claro) 9 9317-2800 (vivo) 9 9983-2575
E-mail: vendas@editoraeme.com.br – Site: www.editoraeme.com.br

/editoraeme **@EditoraEme**
@editoraeme **editoraemeoficial**